SREDNJEVJEKOVNO PRSTENJE

Osvrt na dizajn srednjevjekovnog prstenja 13-15 st. Slavonije

STEVE GAUNT

A CalverleyInfo Book

This edition May 2023

ISBN 978-1-716-20187-5

CalverleyInfo
6 Cardinal Crescent
Leeds LS11 8HH

Email: steve@calverley.info

Croatian translation: Dragica Šibenik & Nina Gaunt

Prsten

U Europi, tradicija nošenja prstenja ide daleko do najranijeg doba. Darivanje i nošenje prstenja može biti od velike važnosti. Prstenje su nosili visoko plemstvo i crkvenjaci, kao znak njihove moći i prezentacija određene ulogeu društvu. Čak i danas, darivanja prstena je simbol ulaska dvoje ljudi u brak.

Od rimsko doba, prstenje je pretrpjelo promjenu, te je od običnog obruča nastalo nešto drugo, nastali su novi stilovi. Prstenje s kamenjem i reljefima postali su uobićajeni. Postalo je i praktićno, kao pečat ili pečatnjak (što je postojalo još ranije u hetitskom kraljevstvu, i kod egipćana) i ključevi su nošeni na prstenju.

U ranom srednjem vijeku, plemena koja su migrirala, nosili su sa sobom svoje vrijednosti, često u obliku nakita. Prsten se dalje razvijao, pa tako nastaju krune koje drže vrijedno, drago kamenje. Ovi oblici su pronađeni među Gepidi, Francima, Ostrogotima i Avarima, koji su bili neki od plemena nastanjenih ili prolaznika u današnjoj Slavoniji.

Hrvati, koji su stigli ovamo u devetom stoljeću nisu se razlikovali od svojih prethodnika, te njihovo vrijedno prstenje može se naći u raznim arheološkim iskopinama. Nadalje, u 14. i 15. stoljeću prstenje više nije služilo samo za nošenje i pokazivanje bogatstva. Prstenje načinjeno od skromnjijeg materijala kao što su bakar i bronca, uobičajeni su nalazi u grobovima ovog razdoblja. Mogli su se naći čak i oni prsteni s izdignutom krunom, načinjenom od skromnijeg materijala, sa običnim staklom umjesto dragog kamena.

Prsten je postao obična i jeftina dekoracija običnih građana.

Prstenje u 11.i 12.stoljeću nije bio najpopularniji oblik ukrašavanja ljudi, tj.nakita, već su to bile naušnice, od najobičnijih karika do vrhunski dizajniranih posrebrenih i brončanih primjeraka. Arheološka iskapanja u Hrvatskoj, na grobljima kao što su Đakovo i Stenjevac, dala su mnoge takve primjere naušnica, s tim da je u Đakovu pronađeno i nešto prstenja od srebra ili od jeftinijeg materijala (bronce), sa običnim staklom ili običnim kamenom unutar izdignute krune, tip koji je ostao uobičajen najmanje do 15 st.

Tijekom 14. i 15.stoljeća u Slavoniji, i bez sumnje i drugdje u područjima pod mađarskom vlašću, prstenje je doživjelo porast popularnosti. Vjerojatno su tome doprinijeli uporaba jeftinijih materijala i jednostavnija proizvodnja, kao i moda.

Velika količina prstenja koja potječe iz ovog razdoblja može biti donekle objašnjeno porastom populacije u 14.st. jer nema sumnje da je bio ″boom″ prstenja tijekom ovog razdoblja i prstenje se može pronaći i u najskromnijim nalazištima 14.st i 15.st, što također može biti indikacija boljih vremena, budući da su i niži slojevi mogli trošiti novac na stvari na nefunkcionalne predmete ili može biti da je prstenje darivano sljedbenicima i slugama plemstva.

Brojnost nalaza također se podudara s brojnim pronađenim ostavama novca iz tog kompleksnog razdoblja na kraju Anžuvinske moći, od doba kraljice Marije koja je naizmjence vladala od 1382. do 1395. i njenog muža Sigismunda Luksemburškog, koji je vladao s njom od 1387. do njezine smrti 1395., te sam do 1437.

Najjednostavniji prsten je obična karika, izrađenog od običnog bakra ili bronce, na rubu poravnan ili podšišan, te zalemjen. Pronalaženi su i duži dijelovi karike, sa uzastuno ugraviranim dizajnima, što upućuje na masovnu proizvodnju. Ove jednostavne karike, imaju jednostavan ravni ili polukružni profil, ali mnogi su pronađeni sa printom ili zarolan (sl.1.) Neki polukružni profili izgledaju kao da su lijevani.

Tip"dvije brazde"(prsten 3 u indeksu), je najčešći tip u regiji. Pronađeni su na skoro svakom srednjevjekovnom nalazištu.

Sl.1. Profili običnih obruča.

Prstenje ravne krune ukrašeno graviranim ili štampanim ukrasom također su bili uobičajeni u ovom razdoblju. Metode njihove proizvodnje spadaju u tri glavne grupe.

Prstenje načinjeno od jednog dijela: Radilo se na dva načina; Metalni lim bi se izrezao na željenu širinu i zatim rolao na željeni promjer, a krajevi bi bili zalemljeni *(sl.14)*, ili rjeđe, izrađeni od debele, žica okruglog prosjeka bi se u sredini iskucala u okruglu krunu, a zatim zarolana na željeni promjer i zalemljena.

Prstenje načinjeno iz dva dijela: Izrađuje se od zasebno izrezane ili lijevane krune sa zasebno izrađenim obručem zalemljenim na donju stranu krune *(sl.15)*.

Lijevano prstenje čini treću kategoriju.
Gotovo svo prstenje ukrašeno je graviranjem. Krune jednodijelnih ili dvodijelnih prstena većinom su okrugle, uz poneke iznimke.

Činjenica da prstenje istog stila i ukrasa nalazimo na raznim mjestima i udaljenostima, upućuje na masovnu proizvodnju i distribuciju, vjerojatno na tržnicama ili preko trgovačkih putnika.

Prstenje načinjeno od jednog dijela uglavnom je izrađeno od tankog brončanog lima i svo je ukrašeno dubokim graviranjem, koje ponekad probija tanki metal. Neki primjerci su izrađeni od debljeg lima i pažljivije su ukrašeni, a pronađeno ih je nekoliko i od srebrne legure.

Prstenje načinjeno iz dva dijela, iako se izrađuju od istog materijala kao i jednodijelno prstenje, kvaliteta izrade i ukrasa je puno izraženija. Ukras je uglavnom izrađivan na okrugloj kruni koje se najčešće izrađuju od srebrnih legura (čisto srebro je rijetko). Presjeci obruča variraju, a svi su zavareni na donjim rubovima kruna.

Prstenje s izdignutim bazama ili kolutima za drago kamenje također spada u ovu kategoriju.

Lijevano brončano prstenje Izrađuje se lijevanjem u kalup, tehnikom izgubljenog voska i lijevanjem u pijesak. Neki ukrasi su izvedeni lijevanjem, dok ih s večina izrađuje naknadno, rovašenjem i graviranjem. Kod lijevanog prstenja najbolje se očituju razni stilovi ovog razdoblja.

Sl. 2. Jednodijelni prsten od legure srebra i zlatni florin kralja Charlesa Roberta; oba nose florentinski fleur-de-lys.

Činjenica da su isti ukrasi pronađeni na svim tipovima prstenja omogućuje nam pretpostavku da je svo prstenje izrađeno u istom razdoblju.*Fleur-de-lys* (ljiljan), simbol je Anžuvinske dinastije (1307.-1387.) koja je vladala Slavonijom kao dio Mađarske, te je jedan od najuobičajenijih simbola prikazanim na svim tipovima prstenja.

Ljiljan se pojavljuje na prvom mađarskom zlatnom novcu iskovanom 1325 (sl.2) za anžuvinskog kralja, Karla Roberta (1301.-1342.), te je bio simbol bogatstva i moći, te je bio očit izbor za ukras prstena.

Ovaj novac je kopija florentinskog ljiljana, budući da su florini već bili u upotrebi od 1252. Ipak, ljiljan se u ovom obliku također pojavio ranije u dinastiji Arpadovića na novcu kralja Bele IV (1235.-1270.).

Druge uzorke nije tako lako objasniti. Pored unikatnih apstraktnih uzoraka i gledajući na uzorke koji se stalno ponavljaju i vraćaju nailazimo na dizajne ptica koje hodaju ili lete, što je isti dizajn koji je možda izvučen sa novčića (sl.3a&3b). Simetrični uzorci kvadrata i trokuta su također uobičajeni, kao i križevi.

Jedan od najčešćih ukrasa je onaj s velikim pravokutnikom u središnjem dijelu ukrasnog polja i s dva trokuta koji su vrhom okrenuti središnjeg pravokutnika, a ima ih puno varijacija. *(sl.12).* Jedno istraživanje naziva ovaj dizajn Lombardskim ili Gotskim inicijalima[1]. Pretpostvalja se da su svi ovi primjeri prsteni pečatnjaci. Možda je to slučaj kod nekih od njih, ali većina njih ima manje uočljiv dizajn, a mnogi imaju su plitko urađeni – gravirani.

Sl. 3a. Prsten s ukrasom u obliku ptice.   sl.3b. Novac Charlesa Roberta iz 1327.

Teorija da ovaj uzorak prstenja može pretstavljati sužanjstvo feudu ili vezu ne čini se vjerojatnom. Od sveg pregledanog prstenja, čini se da vrlo mali broj njih nosi uzorak sličan grbu vlastelinske obitelji koja je upravljala regijom u to doba, te je potrebno daljne istraživanje. Čak i uzorak ljiljana ne mora indicirati odanost Anžuvinskoj obitelji, nego je možda bio samo popularan ukras zbog već spomenutog zlatnog novca.

Moramo napomenuti da, poznati grbovi ponekad se pojavljuju na nekima od prstenja. Na primjer, često upotrebljivan simbol zvijezde i polumjeseca najstariji je poznati Hrvatski grb (sl.4).

Sl.4 Zvijezda i polumjesec, najstariji poznati hrvatski grb.

Njegova uporaba nastavila se na srebrnim novčićima nazvanim Banovac, koji su izdani od strane Mađarskog kraljevstva za hrvatske potkraljeve. Ovi simboli također se ponavljaju na dosta prstenja katalogiziranog ovdje. Neko od pregledanog prstenja nosi partijarhalni mađarski križ. Neki od njih su vrlo slični jedan drugom, te iako su nađeni u različitim regijama, mogu biti djelo istog umjetnika ili su iz iste radionice. Ponekad su opisivani kao „križarski" prsteni 14.stoljeća, ali za to nema pokrića. Jedan je možda nosi uzorak hrvatskog grba u obliku šahovske ploče, ili hrvatskog grba (prsten *426*).

Na dva prstena nalazi se životinja na četiri noge, vjerojatno kuna koja trči, a nalazi se na hrvatskom srednjevjekov nom novcu (Banovac) i još uvijek se pojavljuje na hrvatskom novcu (prstenje *240& 241*).

Još jedan ukras koji se nalazi na lijevanom prstenju je "ruka i mač" (*sl.7 & sl.8*). Sličan ukras bio je također na grbu *Regnum Sclavoniae*, Slavonskog kraljevstva (*sl.4*). Isti ukras također se koristio u Bosni. Ovaj uzorak se nalazi na sadašnjem grbu grada Velika, Hrvatska (*sl.5*), te, između ostalog i u rumunjskom okrugu Covasna.

Ovaj uzorak je sličan štitu baruna Franje Tahija (1526-1573), čija okrutnost prema narodu je bila uzrok Seljačkoj buni 1573 (*sl.6*). Zanimljivo je da su na prstenu prikazana i ptičja krila, što je uobičajeni motiv na dosta prstenja.

Sl.5 Grb grada Velika, Hrvatska   *Sl.6 Grb baruna Franje Tahija*

Ako usporedimo ova dva primjera ispod, lijevi iz istočne Hrvatske, a desni iz sjeverne Mađarske, na oba dva je prikaz ruke s mačem, te zvijezde i polumjeseca.

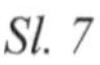

Sl. 7   *Sl.8*

Još jedan uzorak nedavno prepoznat je glava bika. Primjeri koje smo dosad imali su apstraktni prikazi te ih nismo prepoznali dok se nije pojavio realističniji prikaz. Glava bika je sigurno bila korištena na grbovima nekih plemićkih obitelji. Koristila ga je rumunjska obitelj Balassa de Gyarmat, ili bliže nama, koristio ju je Nikola Banić (Banffy), te se također pojavljuje na poleđini privremenog novca „Banovac", novca Nikole Banića (1343-1345). [2]

Fig.9 Grb Nikola Banića

Fig.10 Prsten sa uzorkom "bikova glava"

Čini se da je većina jednodijelnog i dvodijelnog prstenja jeftino masovno proizvedena, te je često loše kvalitete sa loše izrađenim uzorcima. Naravno da tu ima dosta izuzetaka. Prstenje na slikama 12. i 13. pokazuje dosta pažljivu izvedbu ukrasa.

Alati korišteni za izradu ukrasa su uglavnom bili fina dlijeta i probojci, a čini se da su pojedini uzorci bili ili dizajnirani čekićem ili je zdrobljeni žigom. Udarili su malu udubinu u središtu, nakon toga su koristili kompas da nacrtaju centrični krug. Mali je probojac korišten nakon toga da napravi udubine okolo ruba te se poravnava sa vanjskim krugom. Zanatlija bi nakon toga ispunila središni dizajn. Lice prstena u sl.12 prikazuje malu udubinu u centru, sa središnjim dizajnom koji je malo izvan centra.

Sl. 11. Dvodijelni prsten od legure bakra sa neobičnom četvrtastom krunom, ukrašen stiliziranim "S"ukrasom.

Sl. 12. Dvodijelni prsten od srebrne legure s ukrasom "debla i trokuta". Moguće Lombardski inicijali.

Neke krune prstenja imaju pažljivo obrađenu vanjsku liniju, sa loše izvedenim uzorkom. Moguće je da je prstenje kupovano nedovršeno, a da se ukras dodavao naknadno, no ukrasi se uglavnom ponavljaju i do sada je pronađen malen broj neukrašenog prstenja, vjerojatnost za ovu pretpostavku je dosta malena.

Nekoliko od bolje proizvedenih dvodjelnih komada imaju povišeni rub. To su uspjeli izdublivanjem plitkog žljeba ravno unutar ruba, od toga se lice prstena oslabi na toj strani te laganim udarcima čekićem na rub formurila povišeni rub. Teško je reči ako su krugovi od udubina kod ruba formurila prije ili nakon što se rub povisi.

 Za kraj, majstor je koristio tehniku "križnog sjenčanja", redovi linija koje se ukrštavaju pod pravim kutovima, da osjenčaju ili daju teksturu sekcijama ukrasa, kao na sl.13. Ovo se obično opisuje kao "mreža".

 Jedan prilično oštećen prsten od bakrene legure bio je potpuno pozlaćen, s par preostalih jedva vidljivih ugraviranih linija još uvijek sadrže malo zlata.
Proces lemnjenja dvodijelnog prstenja većinom je dobro obrađen, ali neko prstenje je dosta loše izrađeno, čak i među prstenjem s boljom kvalitetom materijala. Neki primjerci su tako dobro izrađeni da se lemnjenje jedva primjeti.

Sl.13. Prsten od legure srebra djelomično kovan, djelomično graviran

Dio dvodijelnog prstenja pronađen je bez obruča tj. do nas su došle samo krune. Većina je ipak pronađena u cjelovitom stanju, zahvaljujući prije svega dobrom ljemljenju zbog čega su preživjeli 6 i više stoljeća.

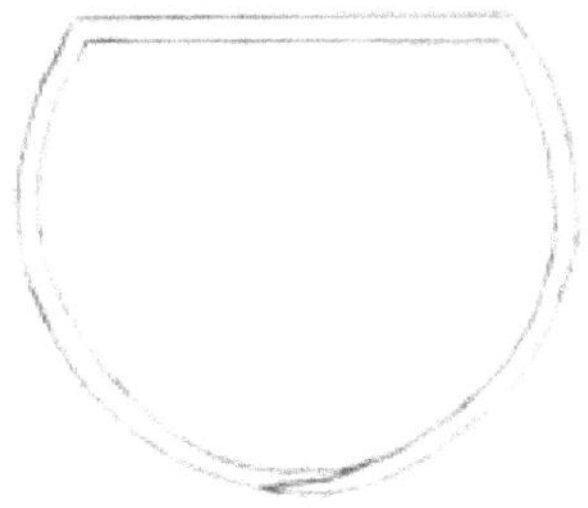

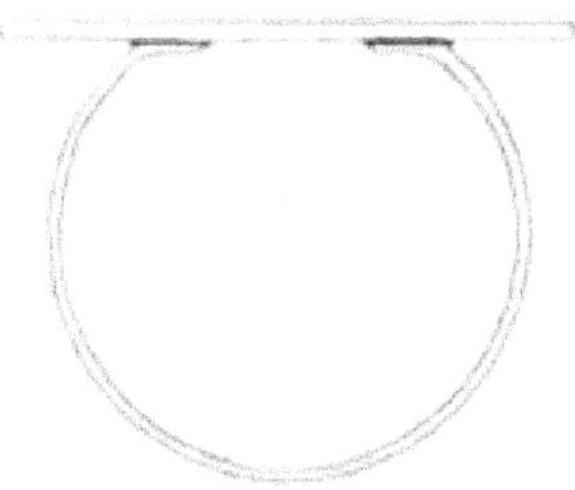

Sl.14. Jednodijelni prsten, zalemljen na obruču s donje strane prstena

Sl.15. Dvodijelni prsten zalemljen na reversu krune prstena.

Zanimljiv je prsten koji ima plosnat obruč i konveksnu krunu (*sl. 16*) i u početku se mislilo da se radi o jednodijelnom prstenu. Uzorak je u obliku je pojednostavljenog ljiljana s tekstom unutar vanjskog kruga koji još nije iščitan. Čini se da je ukras na ovom prstenu lijevan, a ne graviran, i to vjerojatno metodom "Lost wax"

sl.16. *Čini se da je lijevani prsten sa plosnatim obručem na izbočenom licu. Uzorak je jednostavni "fleur-de-lys", unutar kruga okruženog tekstom.*

Ovaj fragment jednodijelnog prstena sadrži dio natpisa.

Ovaj 25 x5 fragment srebrnog prstena sadrži natpis unutar izblijedlijelog uzorka i riječ MIR između dva križa ili zvijezda.

Upravo kod lijevanog prstenja možemo vidjeti širok spektar stilova. Budući da nisu bili ograničeni manufakturom ili malim brojem ukrasa kao kod jednodijelnog i dvodijelnog prstenja, lijevano brončano prstenje može biti gotovo bilo kojeg oblika, dokle god stane na prst.

Legura koja je pri tom korištena obično je mješavina nalik na mjed koja je nalikovala zlatu. Uzorak je uglavnom vrlo jednostavan, te je na prstenje od lijevanog metala vidljivo puno više različitih ukrasa čime su potpuna razlika od ukrasa jednodijelnog i dvodijelnog prstenja.

Prstenje s krunama u obliku osmerokuta je bilo više uobičajeno kod prstenja od lijevanog metala, kao i ovalni, okrugli i heksagonalni i oktagonalni oblici. Nekoliko prstenja nema definirane krune, a gravirani dizajn je smješten unurar šireg dijela obruča, kao na Rimskom prstenju. Može se primjetiti da baze prstenja iz Islamskog razdoblja su često obika elipse, a budući da je područje koje proučavamo bilo okupirano od strane Turaka u razdoblju od 1526.-1688., možemo očekivati da ih nalazimo, iako nekolicina prstenja ovog oblika, elipse, ne nose nikakva očita islamska obilježja.

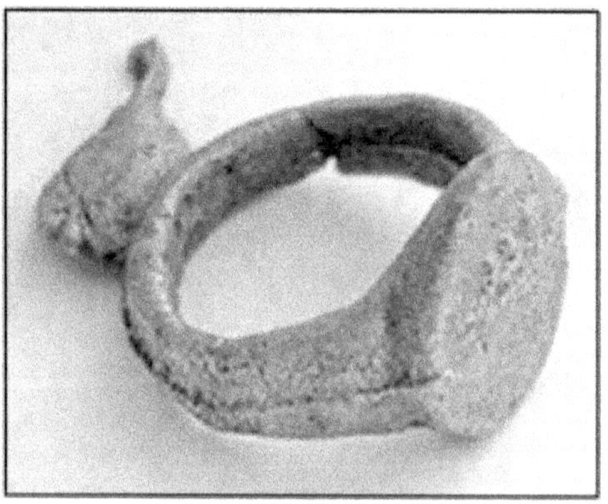

Nedovršen prsten lijevan u dvodijelnom kalupu. Na središnjem dijelu vidljiv je spoj dva dijela kalupa, a na dnu obruča očuvan je metal koji je iscurio iz kalupa.Na obruču su vidljive i druge greške u lijevanju.

Dio lijevanog prstenja koristio se kao pečatnjaci, dok je na nekima ukras previše plitak ili tanak da bi dio išta drugo osim ukrasa. Prsten *519*, na primjer, ima urezane obrnute inicijale, te je gotovo sigurno koristen kao pečatnjak.

Sl. 17. Voštani odlijev s prstena 62 sa prikazom ljiljana

Sl.18., Voštani odlijev s dobrimotiskom prstena 499.

Prstenje koje se koristilo za pečate obično je kvalitetnije izrade, bolje obrađenih obruča i različitih oblika kruna, što je zanimljivije od običnog prstenja. Više stilova se ponavlja, ali i postoje i jedinstveni. Nekoliko najčešćih primjeraka prikazano je sljedećoj stranici.

Sl. 19. Izbor najčešćih profila.Zadnji prsten je modernijeg profila.

Rasprostranjenost

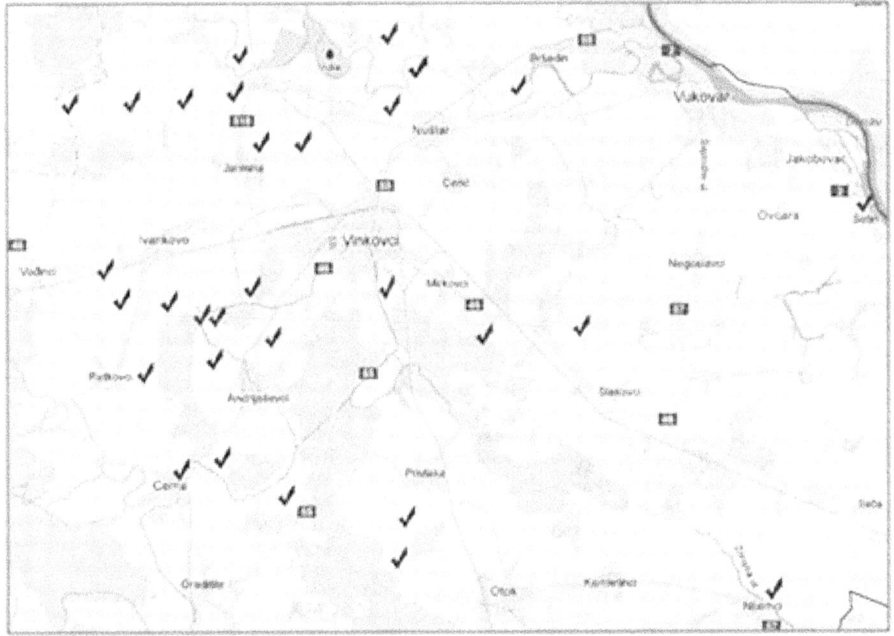

Karta prikazuje područje rasprostranjenosti do sada pronađenog prstenja, većinom u promjeru petnaestak kilometara od Vinkovaca. Ovdje je uključeno prstenje iz zbirke braće Mirka i Vinka Adžage iz Nuštra, Domagoja Jovanića iz Vinkovaca, Mate Ilkića iz Sotina, Roberta Kulića iz Cerne te Gradskog muzeja Vinkovci (GMVK).

Na nekima od ovih nalazišta pronađen je velik broj prstenja.

Katalog

Cilj ovog malog uratka nije opsežan katalog, ali sa svojih 560 primjeraka pretstavlja početak rada u ovom polju. Ilustracije su tamne za one primjere od bakrenih legura, te svijetle za srebro i legure srebra. Prstenje je grupirano većinom po tipu uzorka, ne po vrsti metala.

 Neki od primjeraka su možda pogrešno orijentirani ili nisu u njihovoj stvarnoj veličini.

Prstenje

Jednostavni obruči

1. Običan plosnati obruč sa urezanim udubinama kroz sredinu. Spojeno lemljenjem.

2. Običan obruč sa uzorkom ugraviranim cijelom dužinom obruča. Spojeno lemljenjem.

3. Običan obruč ukrašen dvijema linijama u vidu udubljenja tako da čine dva kanalića.

4. Običan ravni obruč sa naizmjeničnim ukrasom zvjezde i riblje kosti.
   Pronađeno u Ostrovu.

5. Jednostavan obruč sa uzorkom koji se ponavlja nalika rimskim brojevima. Lemljeno.

6. Jednostavan obruč ukrašen linijama formiranim u trokute 6 mm širine. Lemljeno.U Privlaci našao Gordon Herritage.

7. Jednostavan obruč ukrašen linijama formiranim u trokute naizmjeničn okrenutim prema gore i dolje. U Privlaci našao Radovan Novović.

8. Mali lijevani brončani prsten (obruč) sa uzorkom haringine kosti koja vodi prema van počevši od uzorka zvijezde u sredini. Širok 4 mm.
Težina 1.9 g.
U Mirkovcima našao Leonardo Lukinić.

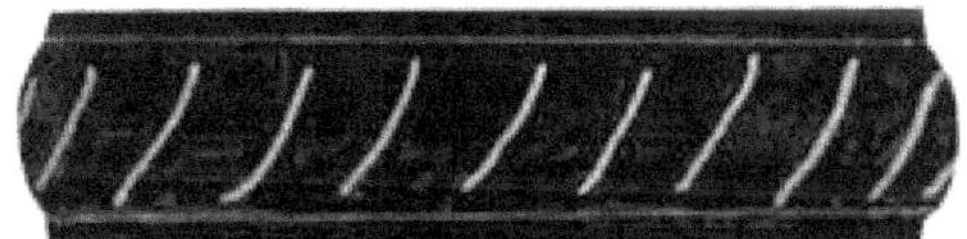

9. Polukružni profil lijevanog brončanog prstena sa ravnijom sekcijom okolo ruba. Ukrašen dijagonalnim rezovima.
Širine 5 mm. Težine 2.5 g.
Pronađeno u Nuštru.

Prsteni s prikazom ljliljana ″fleur-de-lys″

″Fleur-de-lys″ ili prikaz ljiljana jedan je od najuobičajenijih uzoraka, pronađenih u puno varijacija na svim tipovima prstenja i na svim područjima.

10. Dvodijelni prsten od tankog sloja bakra s okruglim obručem od široke žice. Na okrugloj kruni ugraviran je dizajn varijacije ljiljana unutar kruga sitnih točkica.

11. Kao i prethodni uz malu varijaciju i dva koncentrična izrezana kuta. Obruč od tanke žice.
Kruna 12 mm Ø.

12. Mali dvodijelni prsten s relativno debelom okruglom krunom i ugraviranim prikazom ljiljana unutar dva kruga od kojih vanjski je načinjen udarcima. Okrugli široki obruč.
Kruna 11 mm Ø. Težina 1.4 g.
Pronađeno u Karadžićevu.

13. Mali jednodijelni bakreni prsten sa znakom ljiljana unutar dvaju krugova.
Kruna 12 mm Ø.
Pronađeno u Privlaci.

14. Mali jednodijelni prsten od bakra sa
    dizajnom ljiljana unutar dva kruga.
    Kruna 12.2 mm Ø.
    Pronađenu u Cerni.

15. Dvodijelni bakreni prsten sa plosnatim
    obručem, prikaz ljiljana.
    Kruna 19.2 mm Ø.

16. Dvodijelni prsten, obruč nedostaje.
    Jednostavni prikaz ljiljana.
    Kruna 14 mm Ø.
    Pronađeno u Cerni.

17. Dvodijeni prsten sa plosnatim obručem.
    Jednostavan prikaz ljiljana unutar kruga.
    1.15 g, kruna 10 mm Ø.
    Pronađeno u Drenu, Vinkovci.

18. Dvodijelni prsten sa ravnim obručem.
    Jednostavan prikaz ljiljana unutar
    kruga.
    Težina 1.1 g.
    Pronađeno u Mrzoviću.

19. Malen jednodijelni prsten sa
    jednostavnim prikazom ljiljana unutar
    kruga. Na obruču riblji uzorak.
    Težina 1 g. Kruna 7 mm Ø.
    Pronađeno u Karadžićevu.

20. Lijevani prsten od srebra, na okrugloj
    kruni prikaz ljiljana.
    Težina 1.9 g.
    Pronađeno u Nuštru.

21. Jednodijelni prsten obruča u obliku
    mamuze načinjenog od milimetar
    debele legure srebra, sa udubljenim
    centrom na otprilike 0.4 mm i
    izrezanim u oblik kruga. Na okrugloj
    kruni je tanko ugraviran ljiljan.
    Također dekoriran i na ramenima.
    Težina 2.3 g. Kruna 21 mm Ø.
    Pronađeno u Nuštru.

22. Jednodijelni prsten od tanke legure bakra. Na okrugloj kruni varijacija je ljiljana unutar kruga omođenog tankim linijama. Obruč prstena također ukrašen.
1.5 g.
 Pronađeno u Nuštru.

23. Jednodijelni prsten od tanke legure srebra. Na okrugloj kruni varijacija je ljiljana unutar kruga omođenog tankim linijama. Obruč prstena također ukrašen.
Težina 1.5 g. Kruna 22 mm Ø.
Pronađeno u Nuštru.

24. Prsten od lijevane bronce osmerokutnog izgleda.
Težina 6.7 g. Kruna 13 mm2.
Pronađeno u Vinkovačkim Banovcima.

25. Prsten od lijevane legure bakra sa izdignutom krunom i urezanim prikazom varijacije ljiljana. Obruč slomljen.
Težina 3.4 g.
Pronađeno u Jarmini.

26. Prsten okrugle krune od legure bakra sa ugraviranim prikazom varijacije ljiljana unutar tri koncentrična kruga, vanjska dva kruga čine tanke linije, obruč nedostaje.
Kruna 20 mm Ø.
Pronađeno u Nuštru.

27. Jednodijelni bakreni prsten sa prikazom ljiljana unutar širokog kruga.
Kruna 13.5 mm Ø.

28. Dvodijelni prsten sa okruglom krunom i obučem od žice s ugraviranim prikazom ljiljana.
Kruna 16 mm Ø. Težina 2.2 g.
Pronađeno u Jarmini.

29. Dvodijelni prsten okrugle krune i plosnate karike. Uzorak ljiljana sa polumjesecima okrenutim prema van unutar tri ugravirana kruga, vanjski i unutarnji krugovi ureckani.
Kruna primjera 19mm, težina 2.9gr.
Nađen u Ceriću.

30. Izuzetno dobro ugravirani dvodijelni
    brončani prsten sa prikazom ljiljana
    unutar koncentričnih krugova sa
    različitim stilovima.
    Težina 3.3 g. Kruna19 mm Ø.
    Pronađeno u Starim Jankovcima u
    maloj ostavi.

31. Dvodijelni prsten, karika nedostaje.
    Uzorak ljiljana unutar dvaju krugova
    između dva ugravirana kruga je polje
    uparenih recki.
    Kruna promjra 17 mm.
    Nađen u Bogdanovcima.

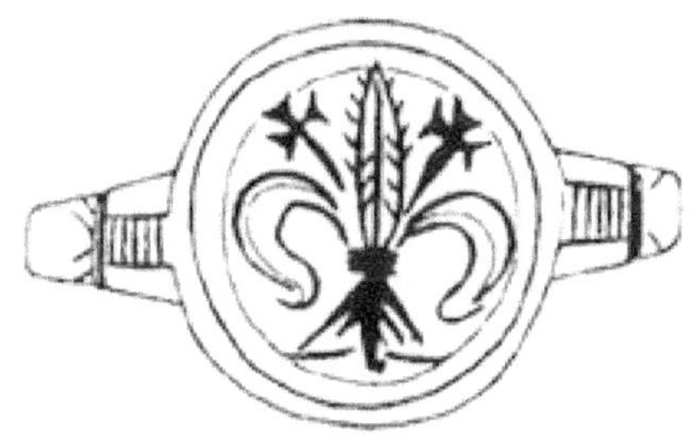

32. Lijevani srebrni prsten sa uzorkom
    ljiljana.
    Težina 1.44 g. Pronađeno u
    Nijemcima. GMVk.

33. Prsten od lijevane bronce sa
    šesterokutnom krunom ukrašenom
    jednostavnim ljiljanom. Iz kolekcije
    Mate Ilkića, Sotin.

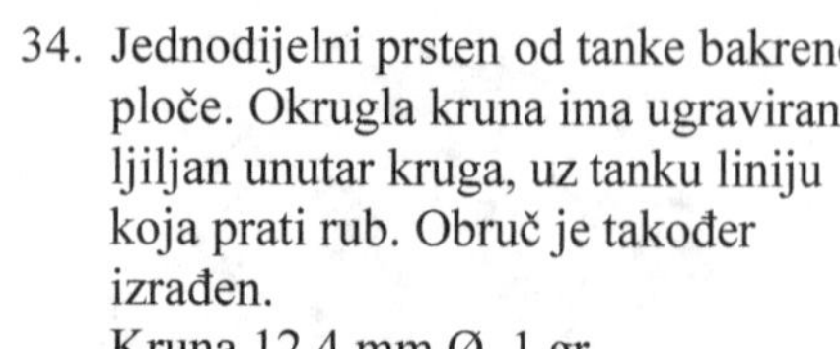

34. Jednodijelni prsten od tanke bakrene ploče. Okrugla kruna ima ugraviran ljiljan unutar kruga, uz tanku liniju koja prati rub. Obruč je također izrađen.
Kruna 12.4 mm Ø. 1 gr.
Pronađeno u Nuštru.

35. Dvodijelni prsten od tankog bakra s okruglom karikom od žice. Na kruni je ugraviran ljiljan okrugloj unutar kruga, omeđen tankom linijom.
Kruna 16 mm Ø. 1.8mm debljina obruča. 1.9 gr.
Pronađeno u Ostrovu.

36. Dvodijelni prsten sa prikazom ljiljana unutar dva koncentrična kruga.
Težina 1 g. Kruna 10mm Ø.
Pronađeno u Ostrovu.

37. Dvodijelni prsten sa prikazom ljiljana unutar dva koncentrična kruga. Plosnat obruč nedostaje.
Težina 1.8g. Kruna 14 mm Ø.
Pronađeno u Retkovcima.

38. Dvodijelni prsten sa debelom krunom sa duboko urezanim prikazom ljiljana.
Težina 4.5 g. Kruna 12 mm Ø.

39. Vrlo iznošen prsten od lijevanog srebra sa prikazom ljiljana. (GMVK)

40. Veliki dvodijelni prsten sa neobično čisto izvedenim dizajnom.
20 mm Ø.
Pronašao ga je Mick Moss u Jarmini-Jakovci.

41. Mali dvodijelni prsten sa okruglim žičanim obručem. Na njemu je prikaz ljiljana unutar ugraviranog kruga. Oštećen.
Težina 1.6 g. Kruna 13 mm Ø.
Pronađeno u Karadžićevu.

42. Mali dvodijelni prsten sa okruglim
žičanim obručem. Neuobičajen
prikaz ljiljan aunutar dvaju
ugraviranih krugova. Sličan
prethodnom.
Težina 1g. Primjer lica 13mm.
Nađeno u Rokovcima – Đubraci.

43. Dvodijelni prsten sa plosnatim
obručem. Unutar dva koncentrična
kruga nalazi se dobro obrađen prikaz
ljiljana.
Težina 3.15 g. Kruna 17mm Ø.
Pronađeno u Karadžićevu.

44. Jednodijelni prsten sa tri struka
ljiljana unutar urezanog kruga.
Težina1.7 g. Kruna 13 mm.
Pronađeno u Ostrovu.

45. Dvodijelni prsten sa obručem od
zakrivljene žice i prikazom ljiljana
unutar kruga.
Težina 1.3 g. Kruna14 mm Ø.
Pronađeno u Nuštru.

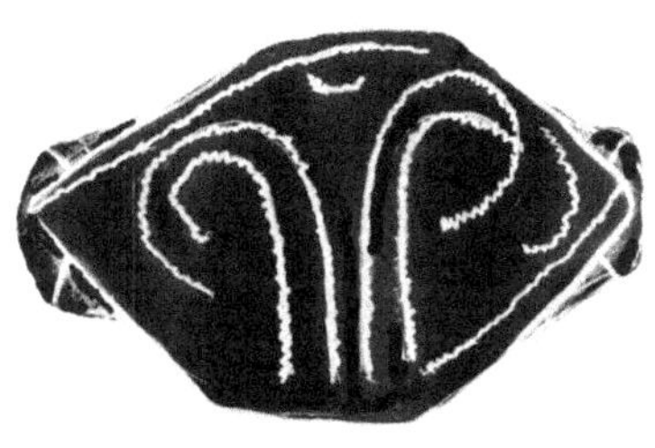

46. Grubo urađen lijevani brončani
    prsten sa prikazom ljiljana.
    Težina 8 g.
    Pronađeno u Mirkovcima.

47. Dvodijelni prsten sa plosnatim
    obručem i prikazom ljiljanana
    okrugloj kruni.
    Težina 2.4 g. Kruna 17 mm Ø.
    Pronađeno u Mirkovcima.

48. Lijevan prsten sa uzorkom ljiljana
    unutar šesterokutne krune. Ukrašen
    na jednoj strani listom paprati ili
    palme.
    Težina 4.85 g.
    Pronađeno u Nuštru.

49. Lijevani srebrni prsten sa
    prikazom ljiljana na kruni.
    Ugravirana dekoracija okolo lica
    i krune te na obruču.
    Težina 3.2 g. Kruna 12 mm Ø.
    Pronađeno u Nuštru.

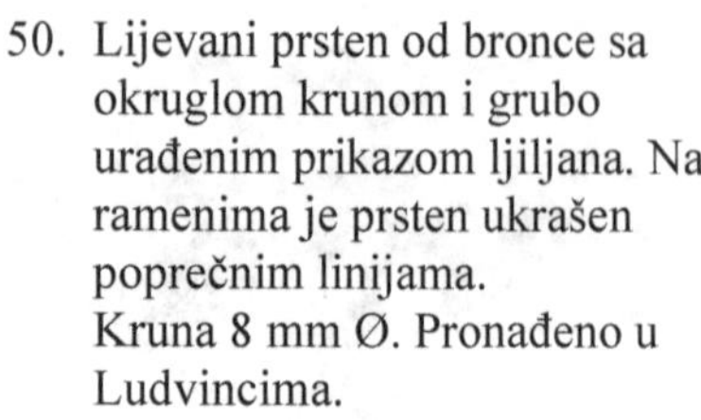

50. Lijevani prsten od bronce sa okruglom krunom i grubo urađenim prikazom ljiljana. Na ramenima je prsten ukrašen poprečnim linijama.
Kruna 8 mm Ø. Pronađeno u Ludvincima.

51. Dvodijelni prsten sa dobro urađenim prikazom ljiljana unutar dva koncentrična kruga. Obruč nedostaje.
Težina 1.9 g. Kruna 15 mm Ø. Pronađeno u Ivankovu.

52. Lijevani prsten oskudne okrugle krune sa loše urađenim uzorkom ljiljana. Pred samima ramenima nalaze se uzvisine na svakoj strani ugravirane linije.
Kruna promjera 10 mm. 4.7 gr. Nađen u Lipovača.

53. Prsten od lijevane bronce sa prikazom ljiljana na maloj kruni. Ukrašen urezanim linijama na obruču.
Težina 9.1 g.
Pronađeno u Ostrovu.

54. Prsten od lijevane bronce sa prikazom ljiljana na ovalnoj kruni.
Težina 9.5 g.

55. Dobro izlijeven brončani prsten
    sa spljoštenim obručem
    trokutastog profila. Na dobro
    definiranoj kruni prstena nalazi
    se ljiljan unutar urezanog kruga.
    Na ramenima je prsten ukrašen
    dijagonalnim linijama.
    Težina 13 g. Kruna 14 mm Ø.
    Pronađen blizu Ostrova.

56. Lijevani brončani prsten sa
    malom okruglom krunom i
    prikazom ljiljana. Ramena
    prstena i obruč su ukrašeni
    urezanim linijama.
    Težina 5.4 g. Kruna 21 mm Ø.
    Pronađeno u Lipovcu.

57. Lijevani brončani prsten sa
    polukružnim profilom obruča.
    Težina 7.7 g. Kruna 10 mm Ø.
    Pronađeno u Karadžićevu.

58. Lijevani brončani prsten sa
    prikazom ljiljana i zvijezdom
    unutar šesterokutne krune.
    Karika također ukrašena.
    Težina 9.6 g.
    Pronađeno u Nuštru.

59. Jednodijelni okrugli prsten sa
    prikazom ljiljana unutar dva
    uklesana koncentrična kruga.
    Ramena prstena također
    ukrašena. Težina 1.45 g. Kruna 8
    mm Ø. Pronađeno u
    Karadžićevu.

60. Mali lijevani brončani prsten sa pojednostavljenim prikazom ljiljana na okrugloj kruni. Ramena obruča ukrašena su urezanim linijama.
Težina 2.5 g.
Pronađeno u Ljeskovac.

61. Jednodijelni prsten sa prikazom ljiljana unutar koncentričnih krugova..
Kruna 13 mm Ø. 1.5 g.

62. Vrlo kvalitetan prsten od lijevane bronce sa dobro urešenim obručem. Na ovalnoj kruni nalazi se napredan prikaz duguljastog ljiljana sa ugraviranom vanjskom linijom. Težina 10 g. Pronađeno u Ostrovu.

63. Jednodijelni prsten sa prikazom ljiljana unutar dva koncentrična kruga, adok vanjski krug je širok. Promjer 12.5 mm Ø. Obruč je slomljen.
Pronađeno u Nuštru.

64. Dvodijelni prsten sa apstraktnim prikazom ljiljana na okrugloj kruni..
Težina 1.8 g. Promjer 15.5 mm.
Pronađeno u Nuštru.

65. Lijevani brončani prsten sa malom okruglom krunom i grubo urađenim dizajnom ljiljana. Ukrašen i na ramenima.
Težina 6.2 g. Promjer 12 mm.
Pronađeno u Privlaci.

66. Lijevani brončani prsten sa ovalnom krunom i kruto ugraviranim ljiljanom. Kruna za dvije razine uzdignuta nad ramenima prstena koja su trokutnog profila.
Težina 6.8 g.
Pronađeno u Boboti, nalaznik Gordon Heritage.

67. Kruna malog dvodijelnog prstena sa uzorkom ljiljana unutar dvaju koncentričnih krugova, a vanjski krug ukrašen uzorkom haringine kosti.
Promjer 11 mm.
U Privlaci našla Jennie Povey.

68. Mali, jednodijelni prsten sa uzorkom ljijana unutar kruga. Obruč je polukružnog profila, a ne ravnog.
Težina 1.6 g. Promjer 9 mm.
Pronađeno u Rokovcima.

69. Oštećeni dvodijelni prsten okrugloga obruča. Uzorak ljiljan unutar dvakoncentrična kruga. Promjer 17 mm.
U Rokovcima (Đubraci) pronašla Julia Williams.

70. Jednodijeni prsten okruglog lica sa uzorkom ljiljana unutar kruga. Na ramenima X dizajni. Promjer 12 mm, težina 1.6 g.
Našao Michael Tyte.

71. Dvodijelni prsten ravnog obruča. Na okruglom licu prikaz ljiljana unutar malog ureckanog kruga. Okružen kratkim linijama.
U Rokovcima našao Gordon Heritage.

72. Dvodijeni prsten sa žičanim obručem i uzorkom ljiljana
Promjera 16 mm, težine 1.8 g.
U Privlaci našao Siniša Šimunek.

73. Dobro iznošen lijevani brončani prsten sa jednostavnim prikazom ljiljana na okruglom licu.
Promjer lica 12.5mm
U Privlaci našao Tony Head.

74. Lijevani srebrni prsten sa gotovo ljudskim likom nosi prikaz ljiljana na okruglom licu.
U Novim Jankovcima našao Danny O'Biernes.

75. Mali lijevani brončani prsten sa blago simetričnim uzorkom. Loše ugraviran uzorak ljiljana. Ostatak obruča ukrašen je ugraviranim linijama.
Pronađen u Retkovcima.
Promjer lica 11mm.

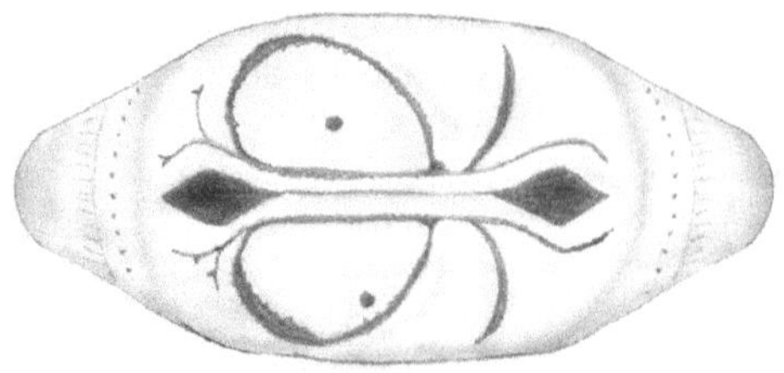

76. Lijevani srebrni prstem sa karikom koja se širi u ovalnu krunu, na kojoj je apstraktni prikaz ljiljana. Ramana ukrašena nizom linija.
Kruna dimenzija 9x13 mm.
Težina 6.7 gr.
Nađen u okolici Vinkovaca.

77. Lijevani prsten sa karikom koja se širi u ovalno lice, koje nosi apstraktni prikaz ljiljana. Ukrašen nizom paralelnih linija na ramenima.
Kruna 11x12 mm, težina 0.6 gr.
Nađen u Srijemskim Lazama.

78. Mali, oštećeni lijevani prsten sa običnim dizajnom ljiljana.
3.9 gr.
Nađeno u Rokovcima-Đubravci.

79. Dvodijelni prsten plosnatog obruča sa pojednostavljenim dizajnom ljiljana unutar 2 koncentrična kruga.
Kruna 12 mm Ø. 1.3 gr.
Nađeno u Rokovcima-Đubravci.

80. Dvodijelni prsten sa
    stiliziranim dizajnom ljiljana
    unutar široko urezanog kruga.
    15 mm Ø.

81. Ljevani brončani prsten sa
    trokutastom trakom u profilu.
    Na kruni prstena je dizajn
    ljiljana.
    15 mm Ø. 7.1 gr.
    Pronašao ga je aScott Ellis u
    Dren, Vinkovcima.

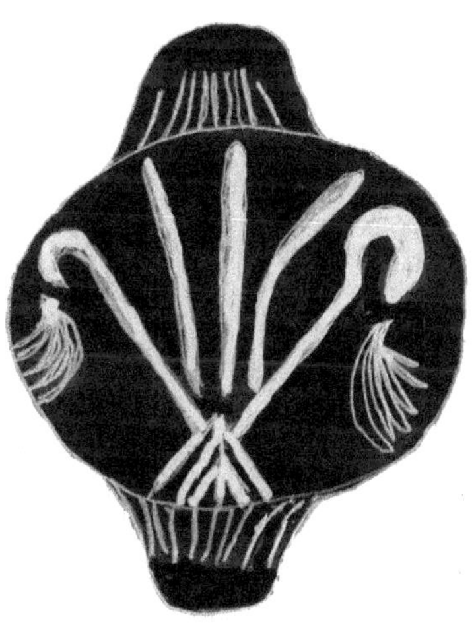

82. Ljevani brončani prsten sa
    običnim dizajnom ljiljana.
    Linearna dekoracija na
    ramenima prstena.
    7.8 gr.
    Nađeno u Rokovcima-
    Đubravcima.

83. Dvolični prsten sa stiliziranim
    dizajnom ljiljana unutar
    urezanog kruga.
    18.7 mm Ø.
    Nađeno u Rokovcima-
    Đubravcima.

84. Mali, oštećeni lijevani prsten sa
    običnim dizajnom ljiljana.
    12.5 mm široka kruna.
    Nađeno u Otok.

85. Okrugla kruna od legure srebra sa ugraviranim uzorkom unutar kruga načinjenog bušenjem. Povišen rub. Obruč nedostaje.
Promjer 17mm.
Pronađeno u Nuštru.

86. Okrugli kruna od bakrene legure sa duboko urezanim ili ugraviranim deblom i trokutima unutar kruga.
Promjer 12.5 mm.
Pronađeno u Nuštru.

87. Dvodijelni prsten od bakrene legure sa okruglom krunom i uzorkom debla sa nekim oblikom koji visi s lijeva u označenom krugu, ravnog obruča.
Promjer 17 mm .
Pronađeno u Nuštru.

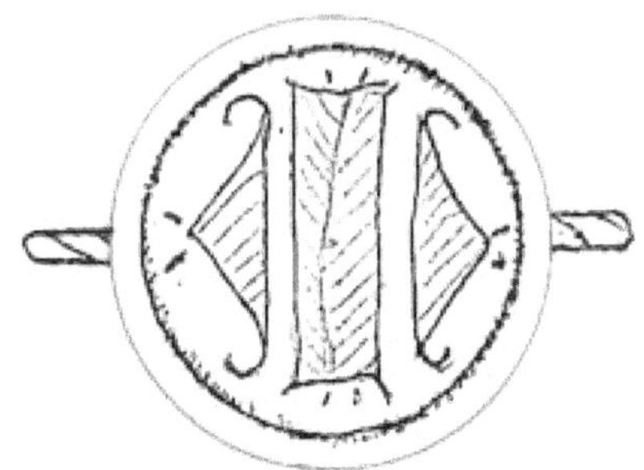

88. Dvodijelni prsten od legure srebra, okrugle krune i ugraviranim uzorkom unutar urezanog kruga. Obruč od zarotirane žice.
Promjer 13.8 mm. Težina 1.6 g.
Pronađeno u Ostrovu.

89. Srebrni dvodijelni prsten sa uzorkom
    unutar dvaju koncentričnih krugova.
    Promjer krune 13.8mm. Okrugli
    obruč slomljen.
    Pronađeno u Nuštru.

90. Dvodijelni prsten od legure srebra i
    ovalnog žičanog obruča. Na okrugloj
    kruni nalazi se ugraviran uzorak
    unutar kruga načinjenog sitnim
    udarcima.
    Promjer 16 mm. 1.1 g. Oštećen.
    Pronađeno u Ivankovu.

91. Prsten okrugle krune načinjen od
    legure srebra sa ugraviranim
    uzorkom unutar velikog kruga
    načinjenog udarcima. Povišen rub.
    Obruč nedostaje.
    Promjer 16 mm.
    Pronađeno u Veri.

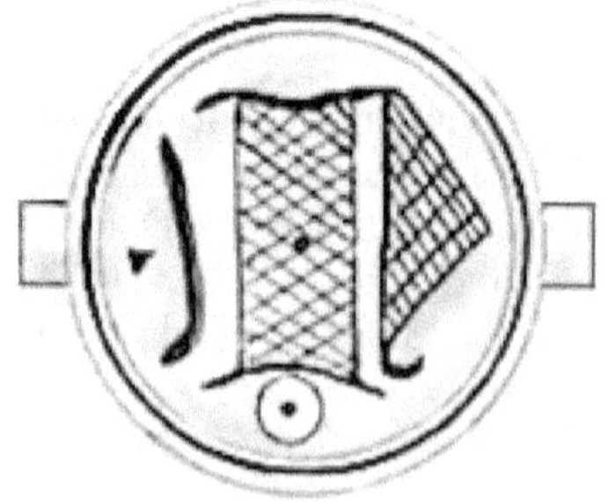

92. Prsten okrugle krune načinjen od
    legure srebra sa ugraviranim
    uzorkom unutar velikog kruga
    načinjenog udarcima. Povišen rub.
    Obruč nedostaje.
    Promjer 14.4 mm.
    Pronađeno u Privlaci.

93. Mali jednodijelni prsten, čini se da je načinjen od žice sa spljoštenom krunom, potom oblikovan i spojen odozada. Obruč je duboko poprečno rezbaren do gornje trećine obaju strana.
Težina 1.1 g.
Pronađeno u Andrijaševcima.

94. Dvodijelni prsten od legure bakra sa okruglim žičanim obručem. Napredniji uzorak debla sa trokutima.

95. Dvodijelni prsten od legure bakra sa plosnatim obručem. Na kruni uzorak trokuta s kukom u sredini. Obruč nedostaje.
Težina 5.2 g. Kruna 18mm.

96. Prsten od lijevane bronce sa loše definiranom osmerokutnom krunom i uzorkom nakrivljenog debla s trokutima, i tankim linijama koje zrače prema van.
Težina 6.4 g.
Pronađeno u Privlaci.

97. Dvodijelni prsten od legure bakra sa apstraktnim uzorkom na okrugloj kruni, polukružni obruč.
Težina17.2 mm.
Pronađeno u Nuštru.

98. Dvodijelni prsten od legure bakra sa apstraktnim uzorkom na okrugloj kruni, okruglog žičanog obruča.
Težina 2.65 g. Promjer 20 mm.
Pronađeno u Lazama.

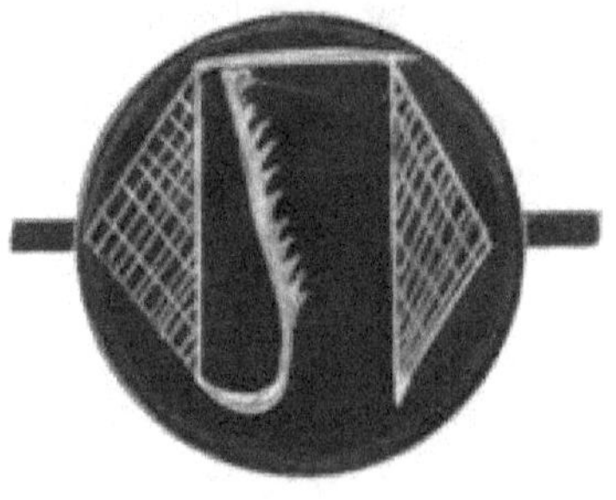

99. Dvodijelni prsten, vjerojatno lijevani, sa uzorkom debla i trokuta.
Obruč slomljen.
Promjer 19 mm.
Pronađeno u Oroliku.

100. Debeli, okrugli prsten od srebra sa štampanim i ugraviranim simetričnim uzorkom okruženim krugom načinjenim malim udarcima.
15.2 mm Ø.
Pronađeno u Ostrovo.

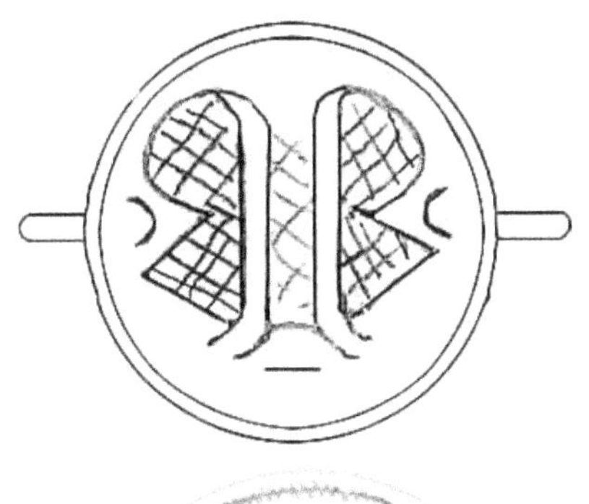

101. Dvodijelni srebrni prsten sa obručem
polukružnog profila i okruglom
krunom s uzorkom debla s trokutima.
12.8 mm Ø. 0.95 gr.
Pronađeno u Nuštru.

102. Dvodijelni srebrni prsten sa okruglim
žičanim obručem, ugraviran napredni
uzorak debla s trokutima.
Promjer 17 mm , težina 2.1 g.
Pronađeno u Starim Jankovcima
unutar ostavke.

103. Tanki lijevani srebrni prsten
osmerokutne krune. Oštećen i krhak.
Uzorak debla i trokuta čine oblik
slova 'D' unutar ureckane linije.
Širina krune 15 mm.
U Andrijaševcima našao Scott Ellis.

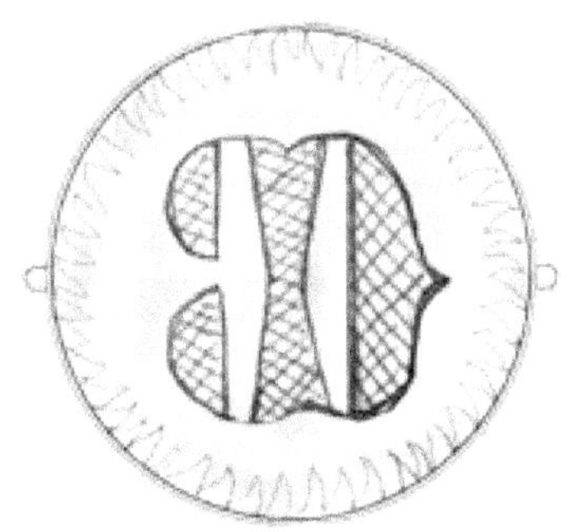

104. Dvodijelni srebrni prsten sa
povišenim rubom i okruglim
žičanim obručem. Omeđen
nazupčenim orubom, u središtu
uzorak debla. Iz kolekcije Mate
Ilkića, iz Sotina.

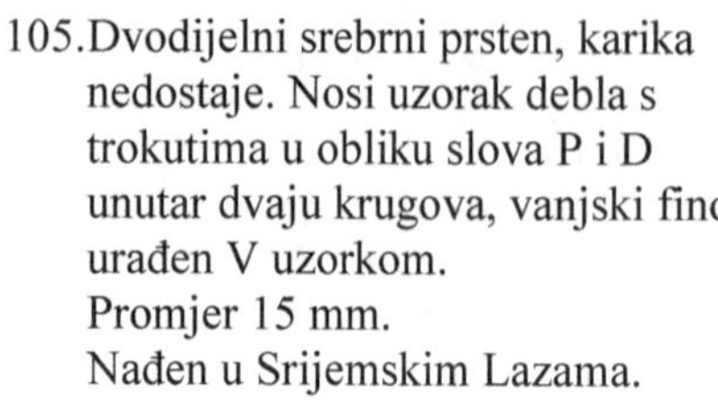

105.Dvodijelni srebrni prsten, karika nedostaje. Nosi uzorak debla s trokutima u obliku slova P i D unutar dvaju krugova, vanjski fino urađen V uzorkom.
Promjer 15 mm.
Nađen u Srijemskim Lazama.

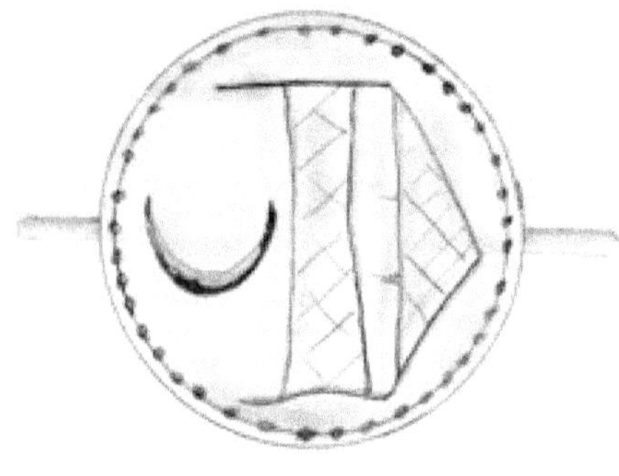

106. Dvodijelni srebrni prsten sa obručem okrugla profila sa loše izvedenim polumjesecom i slovu D. Oštećen.
Težina 2.8 g., promjera lica 12.2 mm.
U Retkovcima našla Julia Williams.

107.Dvodijelni srebrni prsten sa obručem okrugla profila. Okrugla glava sa povišenim obrubom. Na glavi uzorak debla s trokutom i križem sastrane, unutar obruba izrađenog u vidu haringine kosti.
Promjer 19 mm, težina 3.64 g.
U Sotinu pronašao Nenad Vampovac.

108.Dvodijelni brončani prsten sa dobro urađenim uzorkom trokuta, debla i križa. Obruč nedostaje.
Promjer 20 mm.
Pronađeno u Ostrovu.

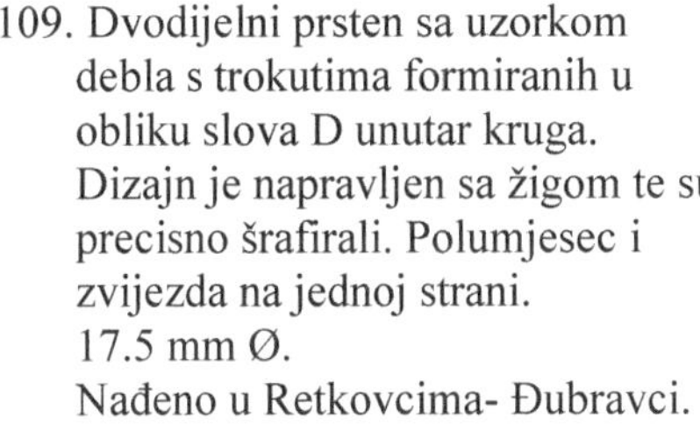

109. Dvodijelni prsten sa uzorkom
debla s trokutima formiranih u
obliku slova D unutar kruga.
Dizajn je napravljen sa žigom te su
precisno šrafirali. Polumjesec i
zvijezda na jednoj strani.
17.5 mm Ø.
Nađeno u Retkovcima- Đubravci.

110.Dvodijelni prsten sa uzorkom debla
s trokutima formiranih u obliku
slova D, omeđen krugom.
Težina 4.35 g. Promjer 11 mm.
Pronađeno u Mirkovcima.

111.Lijevani brončani prsten sa
uzorkom debla i trokuta unutar
ureckanog kruga.
Na licu greška u lijevanju.
Težina 9.9 g.
Nađen u Privlaci.

112.Mali lijevani prsten sa uzorkom D
na okrugloj kruni. Obruč slomljen.
Promjer 11 mm.
Pronađen u Lazama.

113.Debeli, vjerojatno lijevani prsten, od bronce, Dvodijelni prsten sa ugraviranim simetričnim uzorkom unutar kruga. Obruč nedostaje.

114. Lice dvodijelnog prstena sa deblom i trokutima unutar koncentričnih krugova.
Promjer lica17.3mm.
U Retkovcima našao Simon Grant.

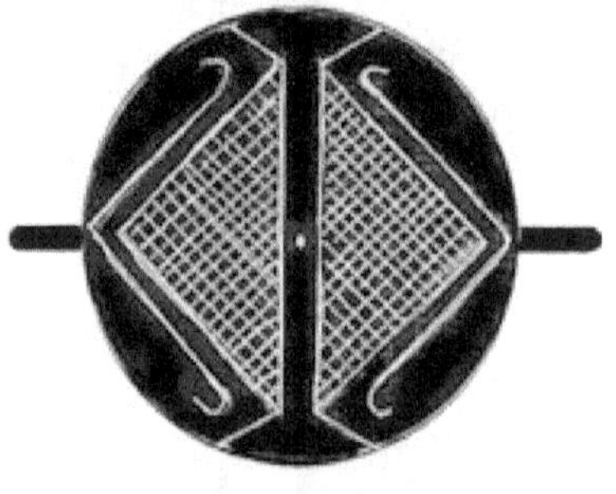

115.Dvodijelni prsten od legure bakra sa žičanim obručem. Dobro urađen uzorak, sličan deblu s trokutima.
Promjer 15 mm.

116.Dvodijelni prsten od legure bakra lica ukrašenog uzorkom dvaju trokuta.
Promjer 17 mm.
Pronađeno u Rokovcima (Đubraci).

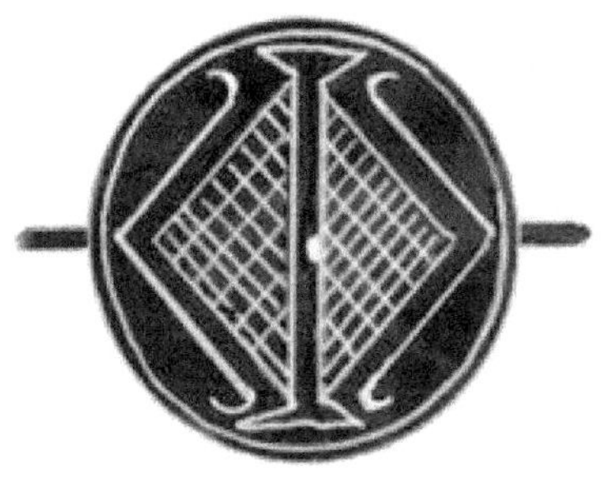

117. Dvodijelni prsten od legure bakra
kojemu nedostaje žičani obruč.
Dobro urađen uzorak, sličan deblu s
trokutima.
Promjer 14.4 mm.

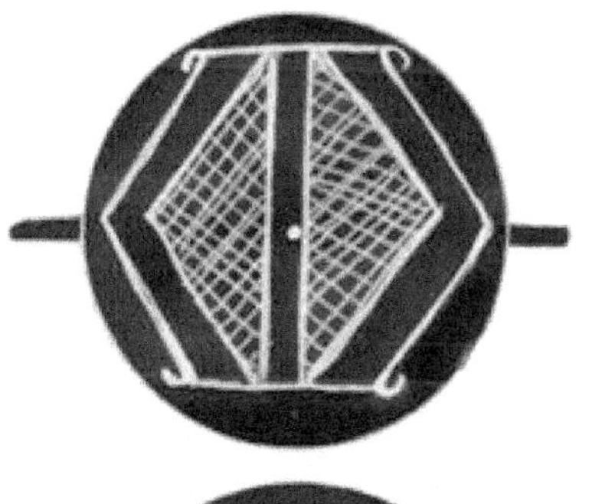

118.Mali dvodijelni prsten od legure
bakra sa okruglim žičanim obručem.
Vrhunski urađen ukras, sličan uzorku
debla s trokutima.
Težina 2g. Promjer lica 15mm.
Nađen u Mirkovcima.

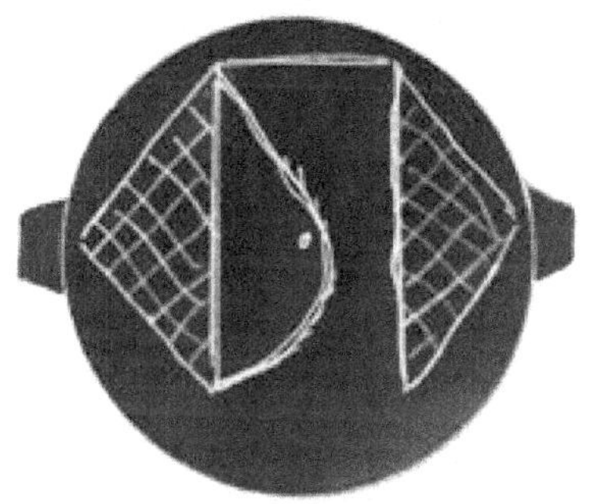

119. Dvodijelni prsten sa ravnim
obručem. Na kruni jedva vidljiva
varijacija debla s trokutima.
Promjer 12 mm.
Pronađeno u Vinkovačkim
Banovcima.

120. Dvodijelni prsten sa plosnatim
obručem. Na kruni varijacija debla s
trokutima, plosnatog obruča.
Promjer 12.8 mm , težina 1.3 g.
Nađen u Ostrovu.

121. Dvodijelni prsten sa
kvadratno/osmerokutnom krunom i
varijacijom debla s trokutima,
plosnatog obruča.
Težina 1.4 g., 12 mm2 .
Pronađeno u Nuštru.

122. Dvodijelni prsten od legure bakra sa
ugraviranim uzorkom na okrugloj
kruni, plosnatog obruča.
Promjer 12.5 mm.
Pronađeno u Jarminu.

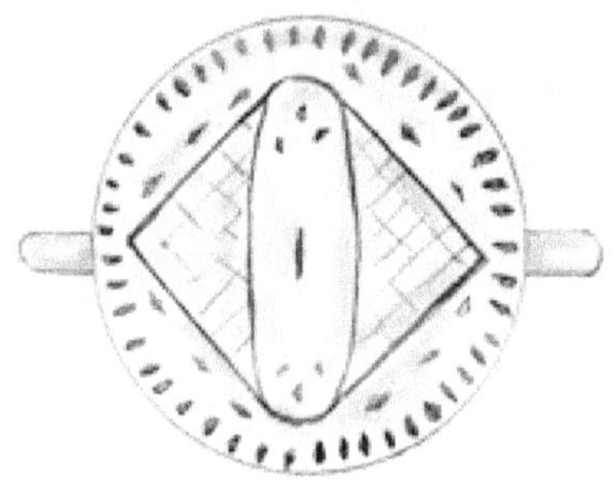

123. Dvodijelni srebrni prsten sa
uzorkom dva trokuta, obruč od žice.
Težina 1.4 g., promjer 13.5 mm.
Pronađeno u Jošinama, Vinkovci.

124. Neobičan srebrni prsten kojem
kruna ima povišen rub. Prsten je
kvalitetno napravljen, sastavljen je
između ruba i krune, te također ima
obruč okruglog profila. Ugravirani
uzorak, načinjem malim udracima je
loše urađen u odnosu na ostatak
prstena.
Težina 3.8 g. Promjer 17.8 mm.
Pronađeno u Starim Jankovcima i
dio je ostavke.

125. Srebrni dvodijelni prsten sa ravnim
obručem. Uzorak debla s trokutima
formira R ili B uzorak. Na lijevo
zvijezda i polumjesec.
Kruna 21 mm. Težina 4.8 g.
Pronađeno u Nuštru.

126. Srebrni dvodijelni prsten sa
okruglim žičanim obručem. Uzorak
debla s trokutima formira R uzorak.
Na lijevoj strani je križ.
Promjer 14 mm. Težina 3 g.
Pronađeno u Nuštru, na istoj
lokaciji kao i prethodni prsten.

127. Srebrna kruna dvodijelnog prstena
sa povišenjem i duboko utisnim
obrubom. Ugraviran središnji
uzorak nalik obrnutom slovu P ili R
sa križem na desnoj strani. Obruč
nedostaje.
Promjer 18 mm.
U Šiškovcima našao Darrin
Simpson.

Usporedite prethodne primjere s ovim
prstenom pronađen preko 400 km sjeverno
u mjesto Eger, Mađarska

128. Lijevani brončani prsten sa
oblikovanim obručem i
osmerokutnimlicem i dobro
obrađenim ugraviranim dizajnom.
Težina 7.9 g.
Nađen u Nuštru.

129. Lijevani brončani prsten sa
oblikovanim obručem i
osmerokutnim licem i dobro
obrađenim ugraviranim dizajnom.
Nađen u Nuštru na istoj okaciji kao i
prethodni prsten.

130. Mali dvodijelni prsten
osmerokutnog lica.
Promjer 17 mm2.
Nađen u Ostrovu.

131. Lice malog okruglog prstena sa loše
urađenim dizajnom.
Promjer 10 mm.

132. Dvodijelni brončani prsten sa
okruglim širokim obručem. Duboko
ugraviran krug okolo debla s
trokutima omeđuje ugravirani
uzorak. Iz kolekcije Mate Ilkića,
Sotin.

133. Dvodijelni brončani prsten sa
ugraviranim uzorkom na okrugloj
kruni unutar koncentričnih krugova
načinjenih sitnim udarcima. Ravan
obruč.
Promjer 16 mm . Težina 1.5 g.
Pronađeno u Nuštru.

134. Dvodijelni prsten sa ravnim
obručem. Unutar dvaju
koncentričnih krugova nalazi se
uzorak. Dosta oštećen.
Kruna 10 mm.
Pronađeno u Nijemcima.

135. Dvodijelni prsten sa ugraviranim
uzorkom na okrugloj kruni omeđen
krugom, omeđen finom bordurom u
vidu haringine kosti. Plosnat obruč.
Promjer 17.7 mm.
Pronađeno u Ostrovu.

136.Dvodijelni prsten od legure bakra sa ugraviranim uzorkom na okrugloj kruni omeđen koncentričnim krugovima, vanjski krug načinjen je sitnim udarcima u obliku sitne haringine kosti. Obruč trokutnog profila.
Promjer 22 mm. Težina 2.4 g.
Pronađeno u Nuštru.

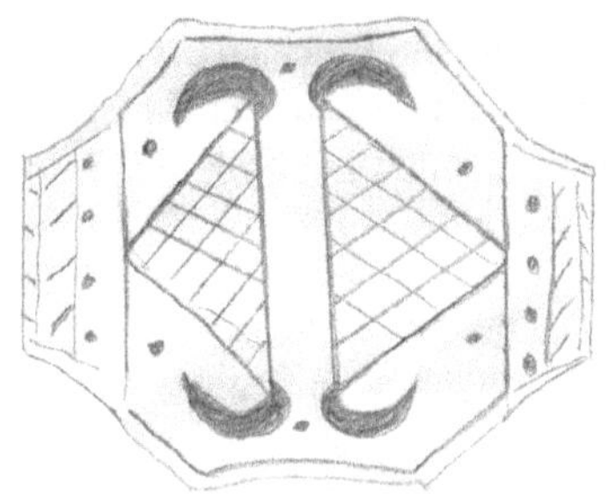

137. Oštećeni srebrni prsten sa dva trokutasta dizajna na osmerokutnom licu. Na ramenima prstena je dekoracija točaka i ukošenih linija.
15 mm širok
Nađeno u Rokovcima.

138. Dvodijelni bakreni prsten sa ugraviranim dizajnom na okrugloj kruni, plosnati obruč nedostaje.
Promjer 17.2 mm.
Pronađeno u Jarmini.

139. Kruna dvodijelnog prstena sa uzorcima trokuta unutar dvaju koncentričnih kruga.
Promjer 17 mm.
U Jarmini našao Leonardo Lukinić.

140. Dvodijelni prsten plosnatog obruča i
uzorkom unutar ucrtanog kruga.
Promjer 17 mm. Težina2.5 g.
Pronađeno u Pačetinu.

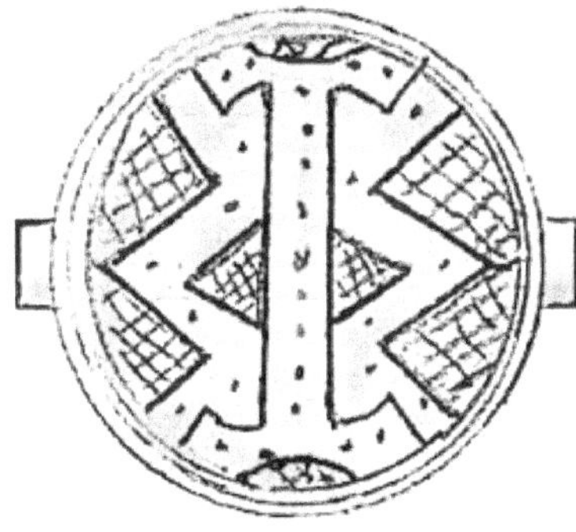

141. Dvodijelni prsten od legure srebra
plosnatog obruča. Dobro urađen
uzorak, sličan deblu s trokutima.
Promjer 14.5 mm.
 Pronađeno u Nuštru.

142. Lijevani prsten grube šesterokutne
krune, sa prikazom debla s trokutima
unutar grubo urezanog obruba.
Karika slomljena.
Težina: 4.6 grama
Nađeno u Jakovcima (Jarmina).

143. Lijevani brončani prsten duguljastog
oblika sa duboko usjećenim uzorkom
debla s trokutima.
Težina 8.55 g. Kruna 8 x 10 mm.
Pronađeno u Slakovcima.

144. Osmerokutni dvodijelni prsten nosi
uzorak sličan deblu s trokutima
dvostrukog romboidnog izgleda.
Dimenzije 10 mm 2.
Pronađeno u Ivankovu.

145. Dvodijelni prsten krune izgledom
varijacije debla s trokutima.
Polumjesec okrenut udesno.Obruč
nedostaje.
Promjer 18 mm. 4.9 g.
Pronađeno u Nijemci.

146. Dvodijelni prsten krune uzorka
debla s trokutima. Obruč nedostaje.
Promjer 16 mm.
Pronađeno u Karadžićevu.

147. Lijevani prsten od bronce
osmerokutne krune nosi uzorak
debla s polumjesecom i zvijezdom
na svakoj strani.
Težina 3.15 g.
Pronađeno u Karadžićevu.

148. Lijevani brončani prsten sa
okruglom krunom i loše urađenim
uzorkom debla s trokutima.
Težina 4.7 gr.
Pronađeno u Donjem Novom Selu.

149. Lijevani brončani prsten sa
okruglom krunom nosi uzorak
debla sa malom zvijezdom.
Težina 5.9 gr.
Pronađeno u Ostrovu-Gaboš.

150. Dvodijelni prsten sa uzorkom
debla s trokutima unutar tri
koncentrična kruga. Obruč
nedostaje.
Promjer 17 mm.
Pronađeno u Ivankovu.

151. Lijevani brončani prsten
slomljenog obruča i okruglom
krunom sa jednostavnim uzorkom
debla.
Pronađeno u Karadžićevu.

152. Lijevani brončani prsten sa
   slomljenim obručem krune s
   uzorkom debla.
   Kruna 12 mm2. 4.3 g.
   Pronađeno u Oroliku.

153. Srebrni dvodijelni prsten sa
   varijacijom debla i trokuta unutar
   kruga izdubljenih točaka. Uzorak
   srca usmjerna nadesno. Povišeni
   rub.
   Kruna promjera 23 mm.
   Nađen u Ceriću.

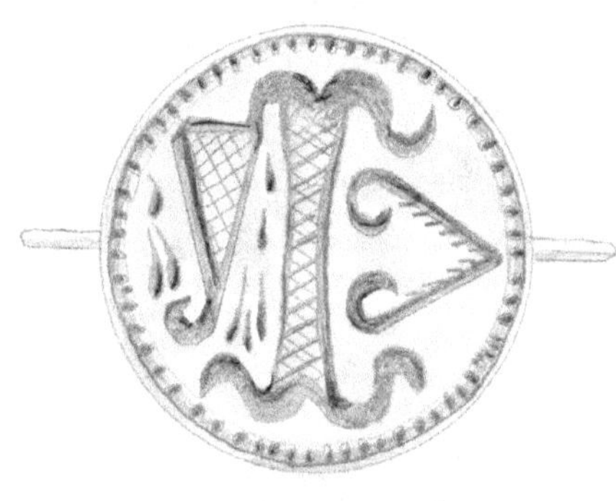

154. Srebrni dvodijelni prsten sa
   varijacijom debla i trokuta unutar
   kruga izdubljenih točaka. Uzorak
   srca okrenut udesno. Povišeni
   rub, okrugli žićani obruč. Bez
   habanja. Moguće da je ovaj I
   prethodni prsten načinila ista
   osoba.
   Lice 17 mm Ø. 2.5 gr.
   Pronađeno u Rokovcima (Zidine).

155. Srebrni dvodijelni prsten sa
   varijacijom debla i trokuta.
    Obruč nedostaje.
   Promjer krune 16 mm.
   Pronađeno u Ivankovu.

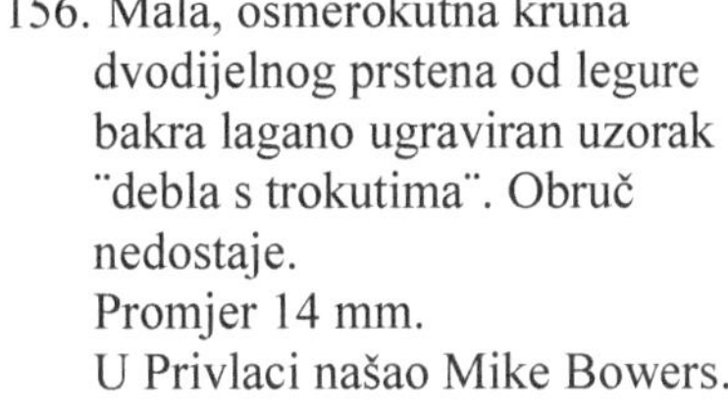

156. Mala, osmerokutna kruna dvodijelnog prstena od legure bakra lagano ugraviran uzorak ¨debla s trokutima¨. Obruč nedostaje.
Promjer 14 mm.
U Privlaci našao Mike Bowers.

157. Prsten od lijevane bronce sa osmerokutnom krunom uzorka debla s trokutima.
Težina 2.4 g.
Pronađeno u Karadžićevu.

158. Veliki dvodijelni brončani prsten sa ugraviranim uzorkom unutar kruga urešenog uzorkom harinigine kosti. Debeli okrugli žičani obruč (3 mm).
Promjer 22 mm.
Težina 11.25 g.
U Šiškovci našla Clare Heritage

159. Dvodijelni prsten okruglog žičanog obruča i okrugle krune nosi uzorak debla s trokutima koji nalikuju slovu B sa trokutom nalijevo unutar omeđenog kruga.
Težina 3.4 g. Kruna 18 mm.
Pronađeno u Novom Selu (VK).

160. Fragment dvodijelnog srebrnog prstena sa finim uzorkom na okrugloj kruni. Uzorak je bez sumnje simetričan, što ga svrstava u grupu 'debla s trokutima'. Blisko omeđen. Pronađeno u Nuštru.

161. Lijevani brončani prsten osmerokutne krune nosi uzorak 'debla s trokutima'.

162. Dvodijelni prsten okrugle krune, karika nedostaje. Nosi uzorak sličan retrogradnom slovu P sa elipsom desno unutar ureckanog kruga.
Promjer 14 mm.
Nađen u Marincima.

163. Prsten velike krune sa bolje izvedenim uzorkom ¨debla s trokutima''. Obruč nedostaje. Težina 1.5 g. Promjer 22 mm.
Nađen u Lazama.

164. Dvodijelni prsten sa okruglom krunom i okruglim žičanim obručem. Uzorak ¨debla s trokutima¨ sa deblom u sredini čijemu je središnje polje ukrašeno dijagonalnim linijama. Težina 2.5 g. Promjer 18 mm. Nađen u Lazama.

165. Brončani dvodijelni prsten okrugle krune sa uzorkom debla u sredini i linearnim uzorkom sa svake strane. Težina 3.1 g. Promjer 17 mm. Nađen u Jakovcima.

166. Kruna malog brončanog prstena. Rub grubo izreckan ugraviran ¨deblom sa trokutima¨. Obruč nedostaje. Težina 0.9 g. Promjer 12 mm. Pronađeno u Lazama.

167. Kruna dvodijelnog prstena sa uzorcima trokuta unutar dvaju koncentričnih krugova. Obruč nedostaje. Promjer 16.5 mm. U Mirkovcima našao Leonardo Lukinić.

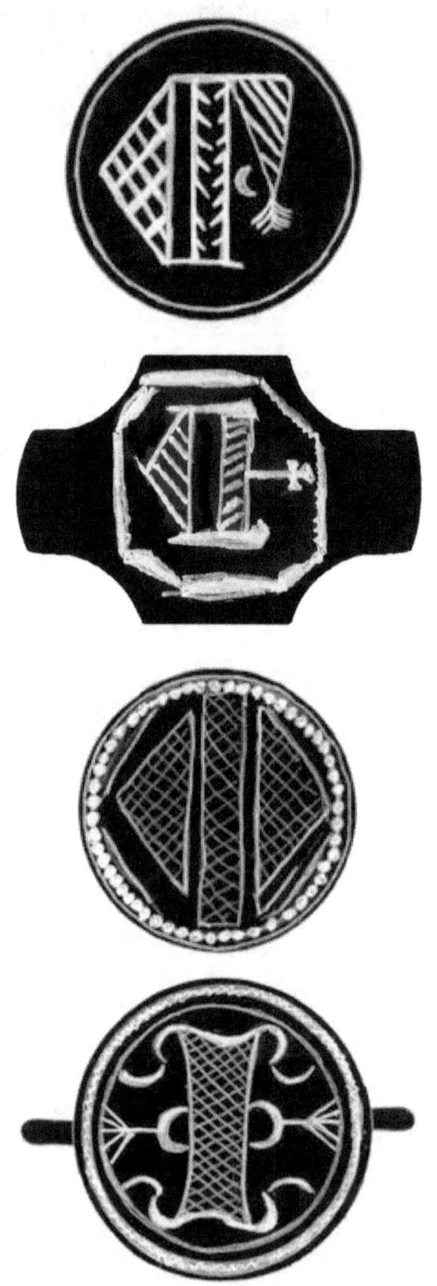

168. Dvodijelni prsten sa prikazom
     debla s trokutima unutar kruga, i
     malim polumjesecom desno od
     debla. U Andrijaševcima našao
     Gordon Herritage.

169. Lijevani brončani prsteb
     osmerokutne krune u najširem
     dijelu karike.
     Loše ugravirana vanjska linija
     sadrži prikaz debla s trokutom
     nalik retrogradnom slovu D.
     Okrenut udesno je križ na dugoj
     osovini.
     Kruna 13x13 mm, težina 8.6gr.
     Nađen u Nijemcima.

170. Mali dvodijelni prsten sa
     povišenim rubom i loše
     ugraviranim prikazom debla sa
     trokutima unutar ukucanog
     kruga.
     Promjer 14.5 mm.
     U Ivankovu našao Danny
     O´Biernes.

171. Dvodijelni prsten okruglog
     žičanog obruča i okruglog lica
     nosi dobro urađen simetrični
     dizajn sa obje strane debla koje
     se nalazi u sredini.
     U Novim Jankovcima našao
     Dean Crawford.

Ovih nekoliko primjera moglo bi se svrstati i u druge grupe, ali čini se da su najsrodniji ovoj grupi. Uz toliko puno sličnih uzoraka, i budući da su svi dvodijelni prsteni, zaslužuju da budu svrstani zasebno.

172. Dvodijelni prsten kojemu plosnati obruč nedostaje. Nesimetrični uzorak na kruni unutar urezanog kruga. Promjer 16.5 mm. Pronađeno u Gradište.

173. Dvodijelni prsten kojemu plosnati obruč nedostaje. Nesimetrični uzorak na kruni unutar ekstremno tankih linija. Vrlo sličan prethodnom. Promjer 16.5 mm. Pronađeno u Ostrovu.

174. Manja kruna dvodijenog prstena od bakrene legure apstraktnog uzorka na okrugloj kruni. Obruč nedostaje. Promjer 13.5 mm. U Privlaci našla Jennie Povey

175. Kruna dvodijelnog prstena sa uzorkom sličnim prethodnima. Težina 1.4 g. Promjer 20 mm. Pronađen u Lazama.

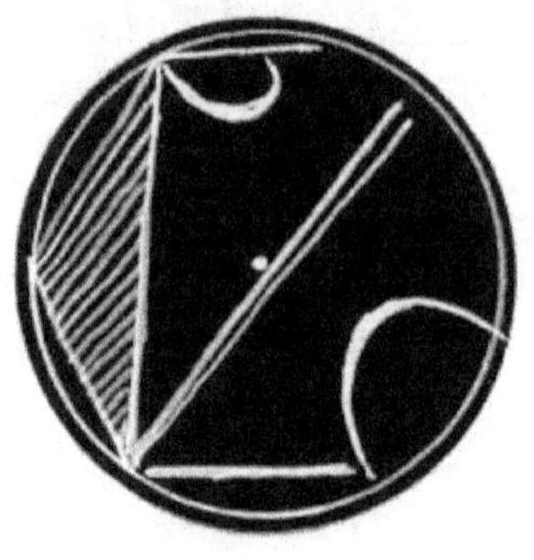

176. Lice dvodijenog prstena od legure
bakra okruglog lica kao u
prethodnom primjeru.
Promjer 14.5 mm.
U Ivankovu našao Dean Crawford.

177. Dvodijelni prsten kojemu plosnati
obruč nedostaje. Uzorak na kruni
unutar tri urezana kruga, gotovo
istovjetni prethodnom.
Promjer 14 mm.
Pronađeno u Nuštru.

178.Manji dvodijeni prsten od bakrene
legure apstraktnog uzorka na
okrugloj kruni. Iako uzorak izgleda
običan, i drugi prsteni imaju sličan
uzorak.
Promjer 13.5 mm.
Pronađeno u Jarmini.

179. Dvodijelni prsten sa uzorkom i
sličan je prethodnom primjeru.
Obruč nedostaje.
Promjer 19 mm.
Pronađeno u Slakovcima.

180. Dvodijelni prsten sa polukružnim
    obručem, uzorak sličan prethodnom.
    Kruna 17 mm. Težina 2.6 g.

181. Dvodijelniprsten od legure bakra sa
    dizajnom unutar dvaju koncentričnih
    krugova.
    Promjer 17 mm, težine 0.2 g.
    U Privlaci našao Gordon Herritage.

182. Dvodijelni prsten od legure bakra sa
    dizajnom unutar dvaju koncentričnih
    krugova, jednog pažljivo ukucanog.
    Okrugli žičani obruč.
    Lice promjer 16.8mm, težina 2.4 g.
    U Andrijaševcima našao Paul Field.

183. Mali prsten sa urezanim uzorkom.
    Obruč nedostaje.
    Promjer 12 mm.
    Pronađeno u Nuštru.

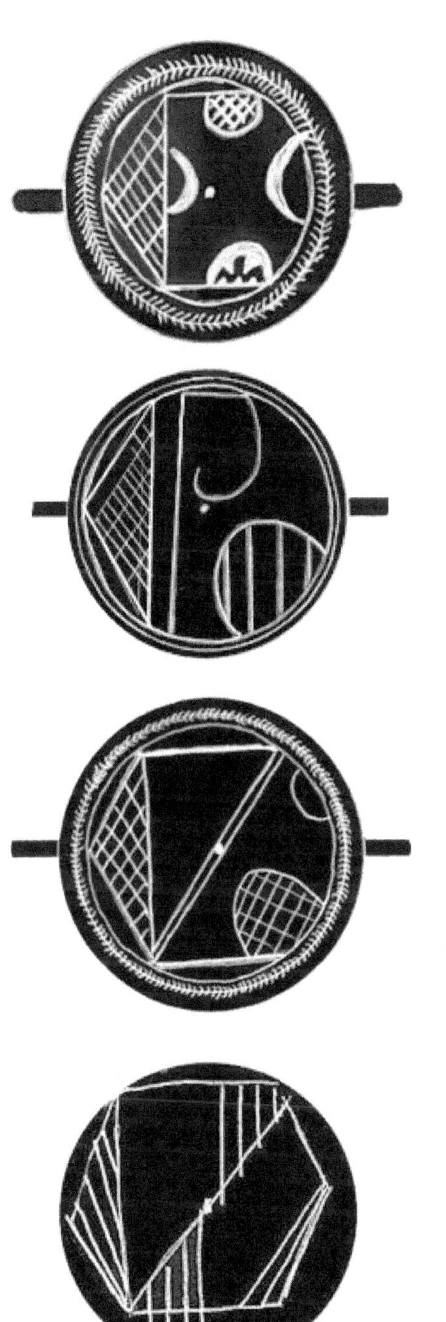

184. Dvodijelni prsten sa linearnim
     uzorkom. Obruč nedostaje.
     Promjer 15 mm.
     Pronađeno u Oroliku.

185. Dvodijelni prsten od bakrene legure
     sa loše obrađenim ugraviranim
     uzorkom na okrugloj kruni,
     plosnatog obruča.
     Promjer 14.5 mm.
     Pronađeno u Nuštru.

186. Dvodijelni prsten sa urezanim
     linearnim uzorkom.
     Promjer 13.8 mm Ø.
     Pronađeno u Šiškovcima.

Uzorak duplih romboida

Sljedeća grupa također se čini slična prethodnoj, ali sa nešto više sličnih primjeraka, koji su grupirani ovdje.

187. Mali dvodijelni prsten od tankog bakra s okruglim obručem od žice. Na okrugloj kruni unutar kruga nalazi se ugravirani uzorak. Promjer 12 mm. Težina 0.9 g. Pronađeno u Nuštru.

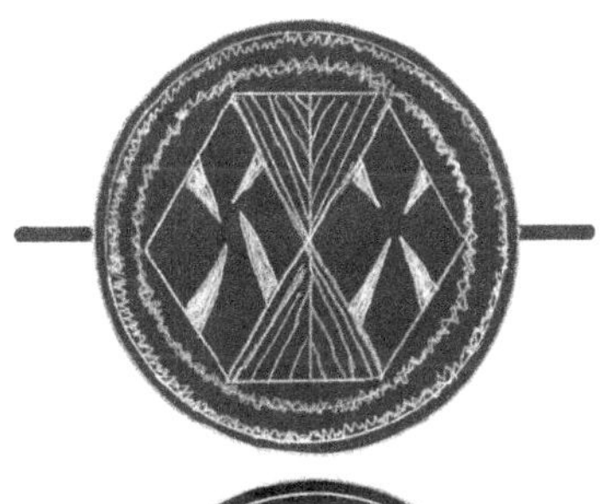

188. Mali dvodijelni prsten od tankog bakra i okruglom žičanim obručem. Na okrugloj kruni unutar kruga nalazi se ugravirani uzorak. 11.2 mm Ø. 0.9 gr. Našao ga je Adam Greenwood u Rokovcima.

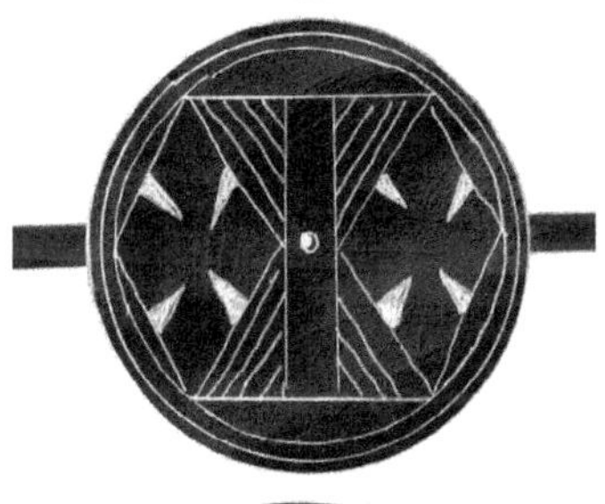

189. Mali dvodijelni prsten od tankog bakra. Na okrugloj kruni unutar kruga nalazi se ugravirani uzorak. Plosnati obruč nedostaje. 17 mm Ø. Nađeno u Jarmini, Jakovci.

190. Dvodijelni prsten sa ugraviranim uzorkom na okrugloj kruni, ravan obruč. Pronađeno u Ostrovu.

191. Mali dvodijelni prsten od debele bronce i polukružnog obruča. Na okrugloj kruni ima ugraviran uzorak koji se nalazi unutar fino obrađene bordure u vidu haringine kosti.
Promjer 13 mm.
Pronađeno u Ostrovu.

192. Mali dvodijelni prsten od tankog bakra i karikom od okrugle žice. Na okruglom licu unutar kruga ugraviran je uzorak.
Promjer 12 mm.
Pronađeno u Jošinama, Vinkovci.

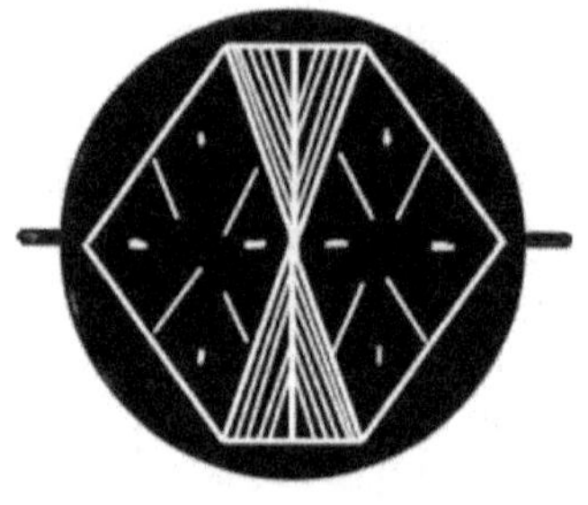

193. Dvodijelni prsten sa okruglim žičanim obručem. Prsten se razlikuje od prethodnih po tome što nema vanjski obrub ni centralni uzorak.
Promjer 14 mm.

194. Oštećeni dvodijelni prsten sa okruglim žičanim obručem.
Pronađeno u Rokovcima.

195. Dvodijelni prsten sa okruglim
žičanim obručem.
Težina 1.2 g.

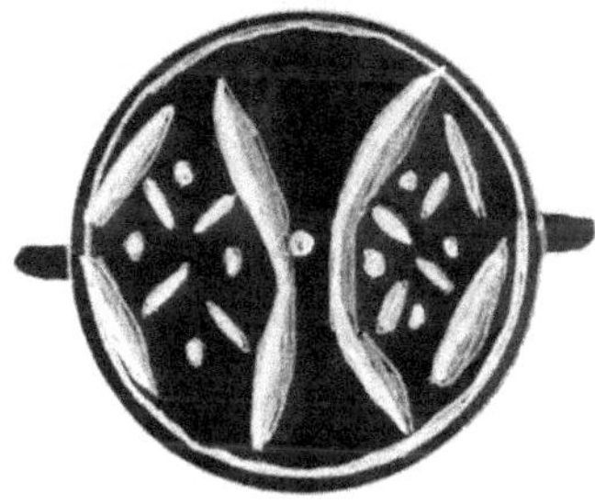

196. Dvodijelni prsten sa okruglim
žičanim obručem. Loše urađen
uzorak.
Težina 0.85 g. Kruna 8 mm Ø.
Pronađeno u Slakovcima.

197. Dvodijelni prsten sa okruglim
žičanim obrubom. Loše urađen
uzorak.
Težina 0.5 g. Promjer 10 mm.
Pronađeno u Nuštru.

198. Dvodijelni prsten sa uzorkom
ugraviranim unutar ugraviranog
obruba. Obruč nedostaje.
Promjer 12 mm.
Pronađeno u Ivankovu

199. Dvodijelni prsten okrugle žičane karike sa uzorkom na okrugloj kruni unutar kruga.
Težina 0.6 gr, promjer 11 mm.
Nađen u Slakovcima.

200. Dvodijelni prsten sa okruglim žičanim obrubom i uzorkom na okrugloj kruni unutar dvaju koncentričnih krugova.
Težina 1.1 g. Promjer 13 mm.
Pronađeno u Slakovci.

201.Dvodijelni prsten sa okruglim žičanim obručem, uzorak unutar ugraviranog kruga.
Težina 1.2 g. Promjer 12.8 mm.
Pronađeno u Ostrovu.

202. Dvodijelni prsten sa ravnim (plosnatim) obručem. Uzorak na okrugloj kruni unutar dvaju koncentričnih krugova.
Težina 1.2 g. Promjer 17 mm.
Pronađeno u Nuštru.

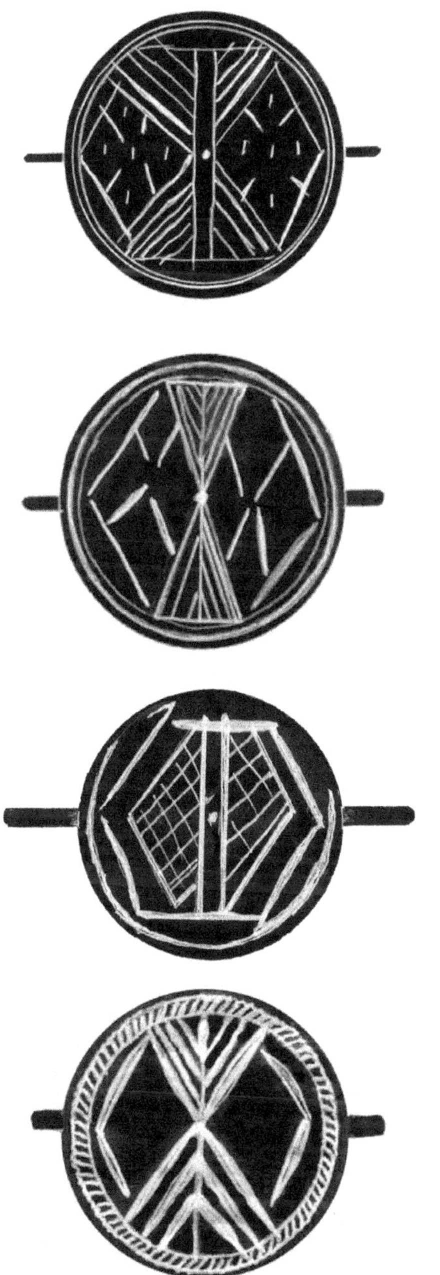

203. Mali dvodijelni prsten sa prikazom dvaju rombova unutar dvaju koncentričnih krugova. Okrugli žičani obruč.
Promjer 13.5 mm.
U Ivankovu našao Adam Staples.

204. Dvodijelni prsten sa okruglim žičanim obručem. Uzorak na okrugloj kruni unutar dvaju koncentričnih krugova.
Težina 1.4 g. Promjer 16 mm.
U Cerni našao Robert Kulić.

205. Dvodijelni prsten sa obručem od okrugle žice i uzorkom debla s trokutima.
 Kruna 11 mm. Težina 1.1 g.
Pronađeno u Karadžićevu.

206. Mali, dvodijelni prsten sa obručem polukružnog profila. Urešen graviranjem na okrugloj kruni sa otisnutim obrubom satkanim od sitnih linija.
Težina 1.5 g. Promjer 12.5 mm.
Nađen u Retkovcima.

Iako jako nalikuje na dvostruki romb, zadnji primjer može biti samo boje urađen uzorak ljiljana.

Uzorak `ruke i mača´

Dok velik broj uzoraka na prstenju možda potječe od grbova, uzorak ruke i mača za sigurno je jedan od nekih koji se pojavljuju na državnim i obiteljskim grbovima. Uzorak je pronađen samo na malo jačem lijevanom brončanom prstenju. Postoji nekoliko stiliziranih verzija, uz male izmjene u odnosu na originale, kao da je bilo kopirano od strane nekog tko baš nije bio siguran što kopira.

Na uzorku je uvijek originalan europski tip mača, a ne sablje, te zvijezda i polumjesec su uključeni, čiji simbol se pojavljuje na hrvatskom najstarijem grb u koji je također pronađen na lokalnom novcu, Banovcu, od 13 st., nadalje.

207. Lijevani brončani prsten ovalne krune sa uzorkom `ruke i mača´ nadesno sa zvijezdom i polumjesecom. Na ramenima dekoriran.
Težina 5.3 g.
Pronađeno u Ostrovu.

208. Lijevani brončani prsten sa obručem koji se širi u oblik osmerokutne krune, uzorak ruke koja drži mač sa zvijezdom i polumjesecom.
Pronađeno u Nuštru.

209. Lijevani brončani prsten šesterokutnog oblika sa uzorkom „ruke s mačem" udesno, te zvijezdom i polumjesecom. Ukrašen na ramenima.
Težina 8.8 gr.
Nađen u Nuštru.

210. Lijevani brončani prsten sa šesterokutnom krunom nosi simbol `ruke i mača´ sa zvijezdom i polumjesecom. Cik-cak uzorak na ramenima. Težina 9.1 g.
U Jarmini pronašao Richard Lincoln.

211. Lijevani bronačani prsten sa iznošenom, šesterokutnom krunom izdignute krune na obloj platformi, uzorak kao prethodni, iako lošije urađen. Dekoriran na obruču.

212. Lijevani brončani prsten na okrugloj kruni, nosi uzorak `ruke i mača´ sa zvijezdom i polujesecom. Iz kolekcije Mate Ilkića, Sotin

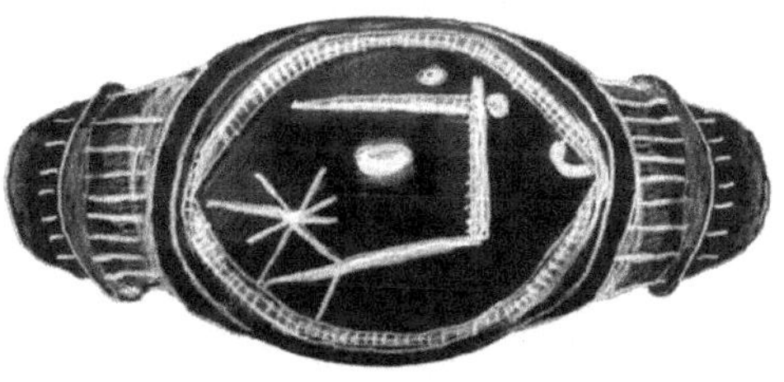

213. Lijevani brončani prsten sa ovalnom krunom, nosi uzorak `ruke i mača´ sa zvijezdom i polumjesecom. Dekoriran na neravnom obruču. Težina 16 g.
Pronađeno u Ostrovu.

214. Iznošeni prsten od lijevane bronce na ovalnoj kruni. Malo stiliziranija verzija `ruke s mačem´.
Težina 6.1 g.
Pronađeno u Lipovcu.

215. Lijevani brončani prsten
okruglog lica izrezan u
šesterokut, s motivom „ruka i
mač" dodani zvijezda i
polumjesec.
Obruč ukrašen.

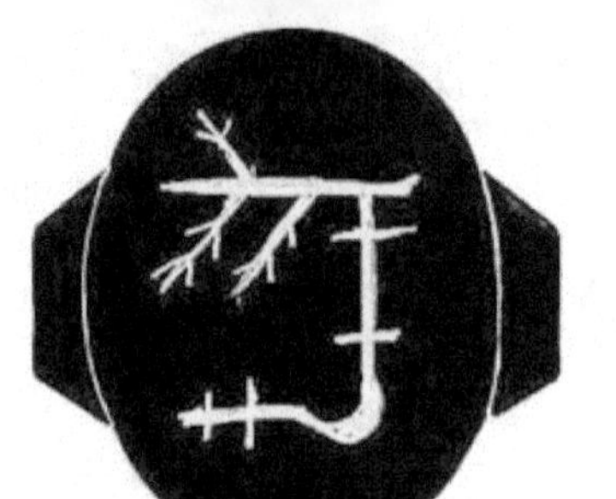

216. Lijevani brončani prsten sa
uzvišenom ovalnom krunom,
sa uzorkom vjerojatno
izvedenim od prethodnog
prstena.
Pronađeno u Nuštru.

217. Lijevani brončani prsten sa
uzorkom mača na ovalnoj kruni
unutar šesterokuta.
Težina 7.25 g.
Pronađeno u Karadžićevu.

218. Lijevani brončani prsten, sa vrlo
iznošenom ovalnom krunom sa
jedva vidljivim uzorkom `ruke i
mača'.
Težina 5.2 g.
Pronađeno u Karadžićevu.

Lijevano prstenje sa životinjskim uzorcima

Kao i prethodno, i ovdje najviše lijevanog prstenja nosi ovaj uzorak. U ovoj grupi su svrstani prsteni koji očito nose životinjski uzorak. Nakon ove grupe dolazi grupa koja se možda nastavlja na ovu, iako možda je nastavak i verzije ljiljana.

219. Loše urađeni, lijevani prsten heksagonalne krune, sa ugraviranim uzorkom ptice koja gleda ulijevo sa zvijezom ispred sebe. Duboko ugravirani ukrasi na ramenima karike.
Težina 7.7 grama.
Nađeno u Srijemu.

220. Mali lijevani prsten sa uzvišenom lijevanom naherenom krunom i uzorkom ptice koja hoda. Također dekoriran na obruču.
 Pronađeno u Ostrovu.

221. Mali lijevani brončani prsten sa povišenom okruglom krunom i uzorkom ptice koja hoda na lijevo.
Promjer 13 mm. Težina 5.5 g.
Pronađeno u Nuštru.

222. Mali brončani lijevani prsten sa uzvišenom okruglom krunom i uzorkom ptice koja hoda na lijevo i zakrivljenim redom okruglih točki.
Težina 5.8 g.
Pronađeno u Jošinama, Vinkovci

223. Lijevani brončani prsten.
Ugraviran stiliziranom pticom koja
hoda ulijevo, polumjesecom na
lijevo na povišenoj ovalnoj kruni.
Iz kolekcije Mate Ilkića, Sotin.

224. Mali lijevani brončani prsten
eliptičnog oblika, urešen prikazom
ptice koja hoda, sa zvijezdom lijevo.
Urešen na ramenima.
Težina 7.7g.

225. Lijevani brončani prsten okruglog
lica (krune), sa ugraviranim
prikazom ptice koja hoda nalijevo,
prikaz krila iznad. Paralelne linije na
ramenima.

226. Lijevani brončani prsten sa
okruglom krunom prikazuje pticu
koja hoda na desno.
Težina 5.1 g.
Pronađeno u Nuštru.

227. Lijevani brončani prsten sa
okruglom krunom uzorkom ptice
koja hoda na lijevo, te zvijezdom u
sredini. Ukrašen na ramenima. Sa
obje strane povišen.
Težina 8.8 g. Promjer 13 mm .
Pronađeno u Ostrovu.

228. Dvodijelni prsten prikazuje lik
 sličan ptici unutar ugraviranog
 kruga. Obruč nedostaje. Iz kolekcije
 Mate Ilkića, Sotin.
 Promjer 18 mm.

229. Lijevani brončani prsten sa
 šesterokutnom krunom prikazuje
 pticu koja hoda ulijevo te zvijezdom
 i polumjesecom na svakoj strani.
 Težina 6.6 g.
  Pronađeno u Jakovcima, Jarmina.

230. Ljevani brončani prsten sa okruglim
 licem prikazivajući hodajućom
 pticom sa zvijezdom ispod nje. Puno
 dekoracija na ramenima prstena.
 Trokutasti obruč u profilu.
 10.2 gr.
 Pronađeno u Jakovcima, Jarmina.

231. Veliki lijevani brončani
 prsten. Ugraviran stiliziranom
 velikom pticom koja hoda
 ulijevo na ovalnoj uzvišenoj
 kruni. Povišen na svakoj
 strani obruča
 Težina 8.1 g.
  Pronađeno u Vođincima.

232. Lijevani brončani prsten sa
okruglom krunom i uzorkom
ptice koja hoda ulijevo.
Težina 5.5 g.
Pronađeno u Ostrovu.

233. Lijevani brončani prsten sa
okruglom krunom prikazuje
pticu koja hoda udesno.
4.4 g.
Pronađeno u Ostrovu.

234. Lijevani brončani prsten
okrugle krune sa uzorkom
ptice koja hoda lijevo i
zvijezdom ispod glave.
Uzvisine sa obje strane karike
i na ramenima ukrašene
paralelnim linijama.
Težina 7.8 gr, promjer 11
mm.
Nađen u Ostrovu.

235. Lijevani brončani prsten sa
prikazom ptice okrenut
udesno, zvijezom i
polumjesecom na povišenoj
okrugloj kruni. Povišenja na
svakoj strani karike i
paralelne linije krase ramena.
Kruna promjera 12 mm, 8.3
gr.

236. Mali jednodijelni prsten
nakojem je prikazana ptica
kukastog kljuna unutar dvaju
koncentričnih krugova, od
kojih je vanjski krug širi.
Obruč nedostaje.
Promjer 11.1mm.
Nađeno u Andrijaševcima.

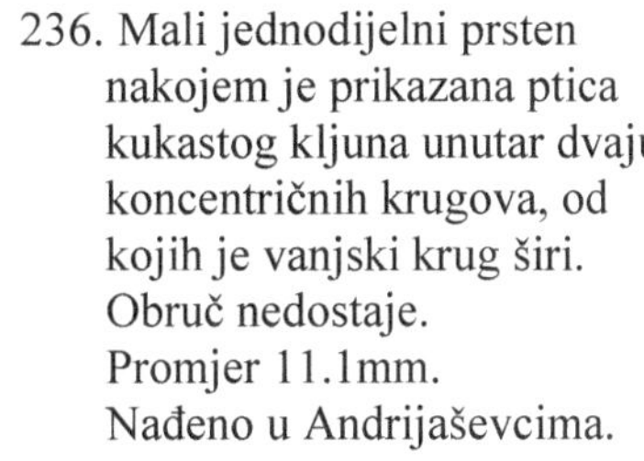

237. Lijevani brončani prsten sa
duboko ugraviranim
gavranomna blago ovalno licu.
Iznad gavrana zvijezda. Obruč
okruglog profila ukrašen na
ramenima. Oštećen.
Dimenzije 10.5 x 11 mm.
Našao Michael Tyte.

238. Lijevani brončani prsten sa
osmerokutnom krunom
prikazuje stiliziranu pticu
između zvijezde i
polumjeseca. Težina 9.5 g.
Pronađeno u Slakovcima.

239. Lijevani prsten sa okruglim
licem i apstraktnim likom
ptice dekoriran na ramenima.
Obruč slomljen.
U Privlaci našao Scott Ellis.

240. Lijevani prsten sa debelim
pravokutnim licem. Dizajn
sličan prethodnom prstenu.
Lice promjera 10 x 12.5mm,
težina 8 g.
U Andrijaševcima pronašao
Paul Field.

Ovdje se može vidjeti prijelaz iz uzorka ptice sa zvijezdom i polumjesecom do više
stiliziranog izdanja. Usporedite prstenje od 210 do 212. Iako vrlo slično, na prstenu
210 može se jasno vidjeti lik ptice, dok na prstenu 212 to je već apstraktniji lik.

241. Veliki lijevani brončani
prsten sa grubo obrađenom
uzvišenom ovalnom krunom i
četveronošcem koji ima
rogove ili dugačke uši te
podignut rep, možda čak je
kuna. Obruč ukrašen. Iz
kolekcije Domagoja Jovanića,
Vinkovci, Vinkovci.
Pronađeno u Ostrovu.

242. Prsten okrugle krune za koji
se čini da je kopija Banovca.
Kuna koja trči ulijevo s nekim
pokušajem pisma uz rub.
Promjer 17 mm.
Pronađeno u Nuštru.

243. Djelić lijevanog brončanog
prstena sa uzvišenom
duguljastom osmerokutnom
krunom uzorka leteće zvijeri,
nalik zmaju. Zrnaca pijeska su
ugrađeni u površinu iz procesa
lijevanja.
Težina 3.1 g.
Pronađeno u Nuštru

244. Lijevani brončani prsten sa
    eliptičnom krunom prikazuje
    zmaja ili pticu sa raširenim
    krilima.
    Težina 8.5 g.
    Pronađeno u Tordincima.

245. Mali, lijevani brončani prsten
    sa ugraviranim dizajnom ptice
    u letu ulijevo. Obruč slomljen.
    Našao Michael Tyte u
    Rokovcima (Đubraci).

246. Veliki lijevani bronačani
    prsten, prikazuje bika unutar
    osmerokutne krune. Na
    zaobljenim grumenima na
    ukrašenom obruču nalaze se
    krune. Malo pozlate nalazi se
    unutar udubina.
    Težina 3.8 g.
    Nađen u Srijemskim Lazama,
    našao Domagoj Jovanić.

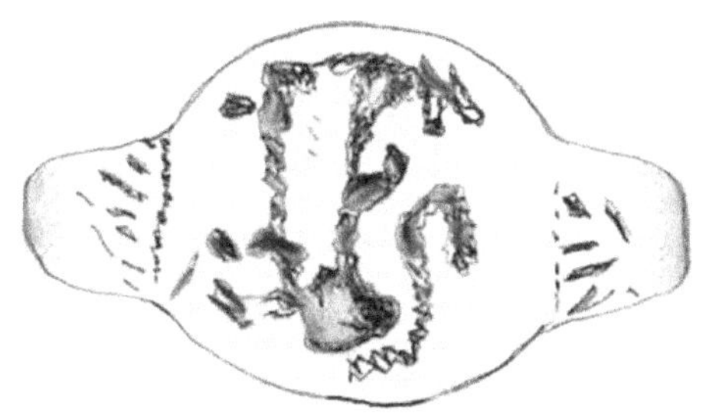

247. Oštećen jednodijelni prsten,
    a materijal je prilično debel.
    Grubo ovalno lice sadrži
    grubo ugravirani životinjski
    uzorak, Na ramenima
    ukrašen. 2.5 g.
    Pronađeno u Nuštru.

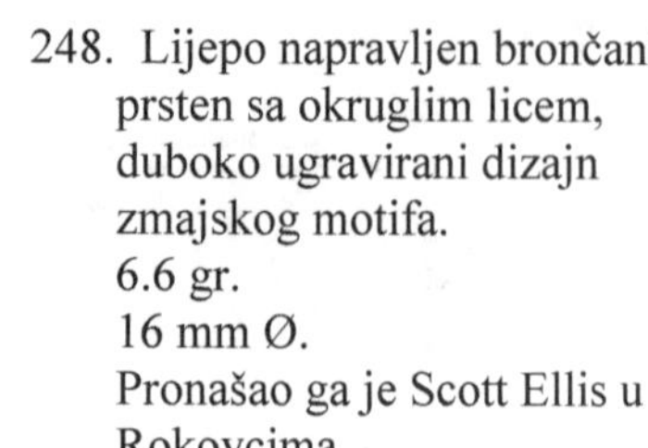

248. Lijepo napravljen brončani
prsten sa okruglim licem,
duboko ugravirani dizajn
zmajskog motifa.
6.6 gr.
16 mm Ø.
Pronašao ga je Scott Ellis u
Rokovcima.

249. Mali lijevani brončani prsten
sa zoomorfološkim likom
unutar okrugle krune. Karika
D profila.
Promjer krune 10 mm, 2.6 gr.
Nađen u Otoku.

250. Lijevani prsten sa
zoomorfološkim likom na
osmerokutnoj kruni.
Kruna 13x13 mm, 5.2 gr.
Nađen u Ostrovu.

251. Dvodijelni brončani prsten
osmerokutnog lica
sauzorkom četveronožnog
lika. Obruč plosnatog profila
somljen.
U Retkovcima našao Mike
Bowers.

252. Prsten osmerokutne krune sa
uzorkom ptice koja stoji na
nečemu nalik polumjesecu,
sa zvijezdom i polumjesecom
iznad nje, moguće da je
kormoran s ribom. Uzorak
omeđen dvijema linijama ,
pri čemu je vanjska linija
cik-cak. Vjerojatno lijevani,
ali tanak. Težina 2.6 g.
Promjer 16mm.
Vjerojatno starijeg datuma.
 Pronađeno u Pačetinu.

253. Dvodijelni prsten sa likom
ptice unutar dvaju
koncetričnih krugova.
Plosnati obruč slomljen.
Našao Darrin Simpson.

Slijedeća skupina nosi daleko naprednije stilizirane prikaze iako se još vidi
zoormofologija. Dosta njih su međusobno slični.

254. Lijevani brončani prsten sa
oblikovanim obručem i
uzdignutom šesterokutnom
krunom, sa uzorkom nalika
ptici,također sa zvijezdom i
polumjesecom.
Nađen u Nuštru.

255. Lijevani prsten sa uzorkom na ovalnoj kruni. Ukrašen na ramenima.
Težina 5.6 g.

256. Lijevani brončani prsten sa uzdignutom ovalnom naherenom krunom, sa uzorkom nalika ptici.
Nađen u Nuštru.

257. Lijevani brončani prsten sa obručem koji se širi u četvrtastu krunu sa stiliziranim uzorkom ptice.
Težina 3.1 g.
Nađen u Cerni.

258. Prsten od lijevane bronce sa uzvišenom okruglom krunom i stiliziranim prikazom ptice i dekoriranim obručem.
Težina 5 g.
Nađen u Ostrovu.

259. Pokidani lijevani brončani prsten sa
uzorkomptice i zvijezdom i
polumjesecom.
Nađen u Nuštru.

260. Oštećen i loše izlijeven brončani
prsten. Ugraviran uzorak koji
nalikuje ptici. Ureckan obrub prati
nepravilnu vanjsku liniju prstena.
Na ramenima prstena ugraviran X.
Pronađeno u Nuštru.

261. Veliki lijevani brončani prsten.
Ugraviran veiki uzorak ptice na
ovalnoj kruni. Također na ramenima
prstena ugraviran X. Težina 6.7 g.
Pronađeno u Vođincima.

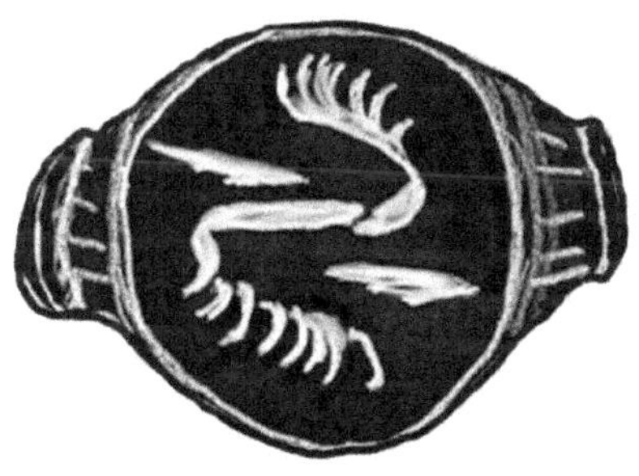

262. Mali lijevani prsten sa blago
povišenom ovalnom krunom. Na
kruni ugraviran stiliziran prikaz
ptice. Lagano izdužen na ramenima
obruča također sadrži tanku
ureckanu liniju.
Težina 5.9 g.
Pronađeno u Ostrovu.

263. Lijevani brončani prsten sa povišenom ovalnom krunom. Obruč ima povišenu sekciju na obadvije strane. Na kruni je ugraviran dizajn stilizirane ptice. Težina 6.2 g.
Pronađeno u Ostrovu.

264. Lijevani brončani prsten sa uzorkom na ovalnoj uzvišenoj kruni ponad plitke baze. Ukrašen na ramenima.
Pronađeno u Andrijaševcima.

265. Lijevani brončani prsten na okrugloj kruni. Ukrašen na ramenima.
Težina 6.65 g.
Pronađeno u Ivankovu.

266. Lijevani brončani prsten na četvrtastoj kruni. Ukrašen na ramenima.
Kruna 12 mm2.
Pronađeno u Nuštru.

267. Lijevani brončani prsten sa uzorkom na okrugloj kruni. Na ramenima ugraviran X.
Težina 7.5 g.
Pronađeno u Lazama.

268. Lijevani brončani prsten sa uzorkom na šesterokutnoj kruni. Obruč trapezoidnog profila slomljen.
Težina 5.2 g.

269. Lijevani brončani prsten sa uzorkom na ovalnoj kruni.
Težina 5.6 g.

270. Lijevani brončani prsten eliptične krune nosi prikaz krila ptice, sa zvijezdom iznad i ispod. Na rubu djelomično ukrašen „V" uzorkom. Uzvišenje na svakoj strani i ukrašen na ramenima.
Kruna 13x19 mm, 11 gr.
Nađen u Starim Jankovcima.

271. Lijevani brončani prsten sa uzorkom na šesterokutnoj kruni.
Težina 3.8 g.
Pronađeno u Ivankovu.

272. Dosta iznošen lijevani brončani prsten sa uzorkom para krila koji formiraju slovo ″S″ na maloj okrugloj kruni. Po dva grumena na svakoj strani obruča.
Težina 5.6 g.

273. Lijevani brončani prsten sa apstraktnim prikazom pticei četiri mala polumjeseca unutar loše ureckanog obruba. Na ramenima linijama ukrašen nad malim grumenjem.
Promjera 13.4 mm.
U Privlaci našao Scott Ellis.

274. Lijevani brončani prsten sa apstraktnim prikazom ptice i tri male zvijezde i polumjesecom unutar grubo ureckanog ruba. Ukrašen linijama na ramenima.
Karika slomljena.
Promjer kruna 14 mm.
Nađen u Gabošu.

275. Lijevani brončani prsten sa povišenim ovalnim licem nosi apstraktan prikaz ptice sa malim polumjesecima unutar loše ureckanog obruba. Na ramenima ukrašen linijama. Obruč slomljen.
Dimenzije 13.3 x 12 mm.
U Privlaci našao Radovan Novović.

276. Lijevani brončani prsten male okrugle krune povišen na vratu. Na kruni uzorak slova „S" s perjem. Ramena ukrašena sitnim grumenčićima, te paralelnim i poprečnim linijama.
Kruna promjera 12 mm, 8.6 gr.
Nađen u Pačetinu.

Uzorak patrijarhalnog križa

Do sada je pronađeno samo nekoliko prstenja koje nosi uzorak patrijarhalnog križa
Mađarske, lijepo stilski urađeno.

277. Veliki lijevani dvodijelni brončani
prsten sa obrubom od tankih
dijagonalnih linija, te krugom
načinjenim od malih okruglih rupica,
i ocrtanim rubom. Unutar kruga se
nalazi uzorak patrijarhalnog križa sa
listićima oblika X između ruku križa
na svakoj strani. Obruč nedostaje.
Promjer 21.5 mm.
Pronađeno u Ostrovu.

278. Mali jednodijelni prsten sa
okruglom krunom i ugraviranim
patrijarhalnim križem unutar dvaju
koncentričnim krugova. Obruč
pokidan i dio nedostaje.
Promjer 14 mm.
Pronađeno u Tordincima.

279. Dvodijelni prsten sa okruglim
žičanim obručem. Na okrugloj kruni
nalazi se stiliziran patrijarhalni križ.
Iz kolekcije Domagoja Jovanića,
Vinkovci.
Promjer 16 mm.
Pronađeno u Mrzoviću.

280. Dvodijelni prsten sa stiliziranim
patrijarhalnim križem, i širokom
ureckanom limijom sa svake strane.
Težina 1.8 g.
Pronađeno u Ostrovu.

281. Mali jednodijelni srebrni prsten
sa patrijarhalnim križem na
okrugloj kruni. Slomljen.
Promjer 7mm.
Pronađeno u Nuštru.

282. Jednodijelni prsten od
kvalitetnog srebra sa
patrijarhalnim križem na okrugloj
kruni. Ukrašen na ramenima.
Težina 1.35 g.
Pronađeno u Karadžićevu.

283. Jednodijelni prsten od kvaltetnog
srebra sa patrijarhalnim križem
unutar okruglog lica. Zvijezda i
polumjesec sa svake strane.
Ukrašeno na ramenima.

284. Jednodijelni prsten od kvaltetnog
srebra sa patrijarhalnim križem
unutar okruglog lica. Zvijezda i
polumjesec sa svake strane.
Ukrašeno na ramenima

285. Veliki dvodijelni prsten od legure bakra polukružnog žičanog obruča.
Urešen uzorkom patrijarhalnog križa, i polumjesecima sa obadvije strane unutar fino urađenog ruba uzorka haringine kosti.
Promjer 20 mm.
Težina 4.3 g.
U Ivankovu našao Steve Hawthorne.

286. Lijevani prsten od kvalitetnog srebra ispupčenog ovalnog lica sa patrijarhalnim križem u sredini loše ureckanog kruga sa obrnutom legendom + AVE MARIA okolo kruga. Moguće da je pripadao svećeniku. Oštećen.
U Retkovcima našao Dean Crawford.
2.7 gr.

287. Jednodijelni prsten od legure bakra sa plosnatokm karikom, koja se širi prema licu. Loše ugraviran uzorak patrijarhalnog križa sa zvijezdom i polumjesecom unutar dvaju koncentričnih krugova nesimetričan.
Promjer krune 12 mm, težina 1.5 gr.
Nađen u blizini Vinkovaca.

288. Jednodijelni prsten od legure bakra plosnate karike. „E" uzorak patrijarhalnog križa sa prikazom 4 lista paprati unutar dvaju koncentričnih krugova necentrirano. Na ramenima uzorci križa i linija. Oštećen.
Promjer 14 mm, težina 2.2 gr.
Nađen u Nuštru.

Ovdje su uključeni "S" uzorci i oni iz njih izvedeni oblici.

289. Mali lijevani prsten sa duguljastom šesterokutnom krunom nosi inicijal "S".
 11.4 mm promjer krune.
Pronađeno u Nuštru.

290. Dvodijelni prsten od legure bakra na okrugloj kruni i ugraviranim slovom "S" ili uzorkom zmije unutar ureckanog kruga na plosnatom obruču.
Promjer 14 mm.
Pronađeno u Ostrovu.

291. Tanki brončani lijevani prsten koji se širi u ovalnu krunuu sa "S " uzorkom. Obruč ukrašen.
Težina 3 g.
Pronađeno u Nuštru.

292. Djelić dobro iznošenog lijevanog brončanog prstena sa obrnutim "S" motivom.
Pronađeno u Andrijaševcima.

293. Djelić lijevanog brončanog prstena sa obrnutim "S" motivom.
Težina 5.75 g.
Pronađeno u Stari Jankovci.

294. Kao i prethodan dva prstena ali
sa po dvije zakrivljene linije na
svakoj strani uzorka i više
zaobljenijoj kruni.
Težina 4.6 g.
Iz kolekcije Domagoja
Jovanića .
Pronađeno u Markušici..

295. Djelić malog lijevanog
brončanog prstena sa obrnutim
"S" motivom i vertikalnim
linijama na svakom kraju.
4.7 g.
U Mrzoviću našao Richard
Lincoln.

296. Lijevani brončani prsten sa
okruglom krunm i izvedenim "S"
uzorkom, vertikalne linije na
svakom kraju.
Težina 5.9 g.
Pronađeno u Pačetinu.

297. Lijevani prsten osmerokutne
krune sa velikim "S" motivom.
Na svakoj strani po polumjesec
okrenut prema van. Obruč
nedostaje.
Promjer 19 x 13 mm.
Pronađeno u Pačetinu.

298. Lijevani brončani prsten sa loše
urađenom osmerokutnom
kruniom u najširem dijelu
prstena. Dva unakrsno
postavljena polumjeseca čine
simbol slova „S": Na ramenima
ukrašen trokutima.
Težina 5.7 gr.
Nađen u Antinu.

299. Lijevani brončani prsten
osmerokutnog lica stiliziranog
slova ¨S¨ duboko urezan. Obruč
slomljen.
Promjer lica 15.5 mm.
U Rokovcima (Đubraci) našao
Dean Crawford.

300. Mali lijevani brončani prsten
malog lica nosi dizajn u obliku
slova S sa mrljom nalika
zvijezdi pored.
U Ljeskovcu našao Daniel
O´Biernes.

301. Dvodijelni prsten sa okruglim
žičanim obručem i velikim
okruglim licem i obrnutim
oblikom slova S.
Promjer 18.8 mm.
U Retkovcima našao Gordon
Herritage.

302. Dvodijeni prsten od legure
bakra sa žičanim obručem i
okruglim licem nosi napredniji
oblik slova S unutar dvaju
koncentričnih krugova.
Promjer 14.5 mm., težina 1.1 g.
U Ivankovu našao Tony Head.

Uzorak dvostruke mreže

U ovoj grupi su svrstani primjeri koji su možda izvedeni tipovi ljiljana ili životinjski uzorci. Uglavnom su to prsteni koji na svakoj strani imaju prikazanu lepezu nalika na mrežu. Većina ovih je nađeno na nalazištu Gorica, Ostrovo.

303. Veliki dvodijelni prsten sa plosnatom, okruglom krunom na licu ugraviranom uzorkom unutar ureckanog kruga. Obruč okruglog profila.
Promjer 19 mm. Težina 2.6 g.
Pronađeno u Ostrovu.

304. Lijevani prsten ovalne krune. Na kruni prikaz simetričnih nasuprotnih romboida sa zvijezdom i krilima okrenutih jedno prema drugom. Ukrašen rezbarenjem na kruni i ramenima prstena. Težina 7 g.
Pronađeno u Vođincima.

305. Lijevani prsten sa povišenom okruglom krunm na ovalnoj platform. Na kruni se vidi urezan uzorak nalik lišću. Blago ukrašen na ramenima.
Težina 5.7 g.
Pronađeno u Ostrovu.

306. Lijevani brončani prsten sa simetričnim dizajnom lišća ili paprati. Ugravirane linije na ramenima prstena i prikazom zvijezde na grumenju sa svake strane prstena.
Iz kolekcije Domagoja Jovanića, nađen u Tordincima.
Težina 5.2 g, promjer 6 mm.

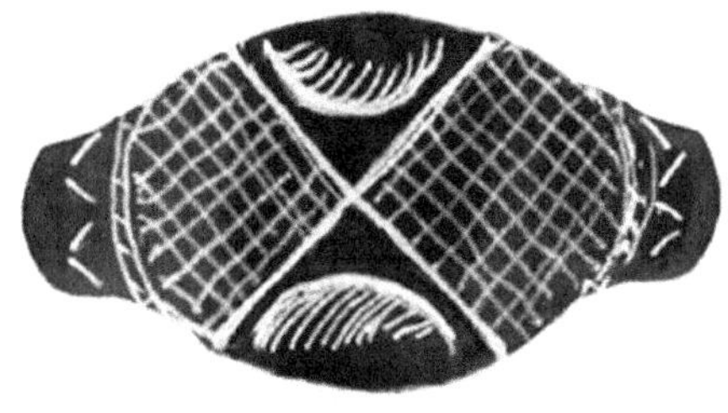

307. Mali lijevani brončani prsten sa ovalnom krunom. Na kruni prikazan simetrični uzorak unakrsno postavljenih romboida sa uzorkaom krila u preostalom prostoru zrcalno okrenutih jedno prema drugom. Oko krune prstena i na ramenima urešen. Neobična sivo-zelena patina možda ukazuje na visok postotak srebra ili kositra. Težina 4.3 g.

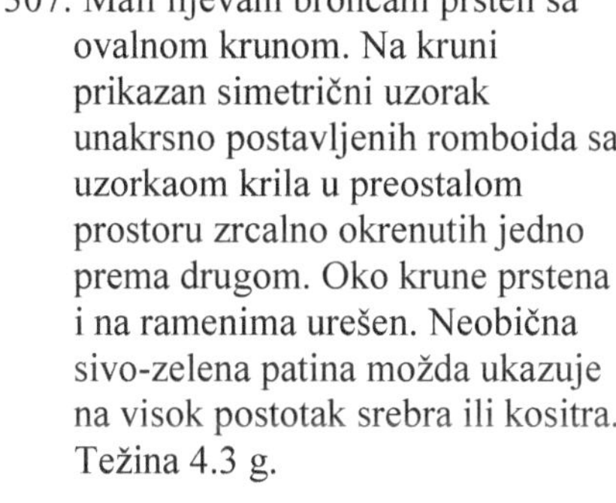

308. Dvodijelni prsten sa obučem od okrugle žice. Uzorak riblje kosti zatvara uzorak dvaju trokuta sa zvijezdom između.
Težina 1.75 g. Promjer 10 mm.
Pronađeno u Karađićevu.

309. Lijevani brončani prsten sa ovalnom krunom podijeljen dvijema linijama sa oblicima lepeze i dvijema dubokim eliptičnim linijama iznad i ispod, obje zatvorene unutar obruba.
4.4 g.
Pronađeno u Andrijaševcima.

310. Dobro odlijeven brončani prsten sa uzorkom na okrugloj kruni. Ukrašen na ramenima, na svakoj strani obruča grumen.
Promjer 13 mm. Težina 6.2 g.
Pronađeno u Ostrovu.

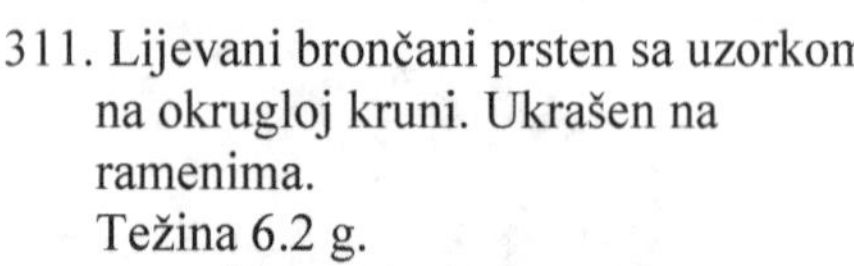

311. Lijevani brončani prsten sa uzorkom
na okrugloj kruni. Ukrašen na
ramenima.
Težina 6.2 g.
Pronađeno u Ostrovu.

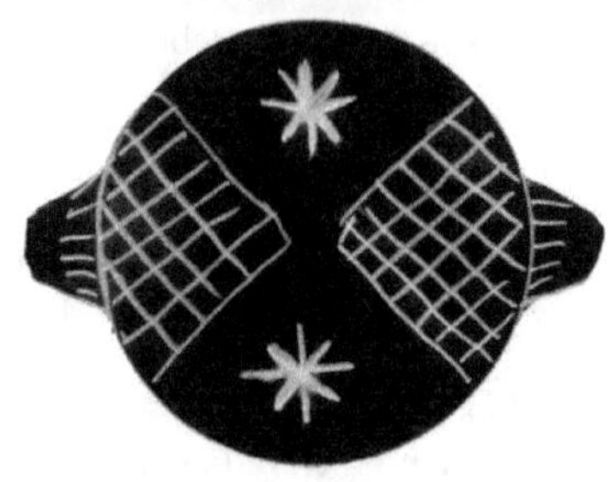

312. Lijevani brončaniprsten sa uzorkom
na povišenoj okrugloj kruni. Ukrašen
na udubljenim ramenima.
Težina 4.8 g. Promjer 11mm.
Pronađeno u Ostrovu.

313. Lijevani brončani prsten sa uzorkom
na okrugloj kruni. Ukrašen na
ramenima.
6 g. 14.5 mm Ø.
Pronađeno u Ostrovu.

314. Prsten od lijevane bronce sa
uzorkom na okrugloj kruni. Ukrašeni
grumeni na svakoj strani obruča
Težina 4.3 g. Promjer 14 mm.
Pronađeno u Ceriću.

315. Lijevani brončani prsten sa uzorkom
na grubo obrađenoj okrugloj kruni.
Ukrašen na ramenima.
Težina 4.4 g. Promjer 11 mm.

316. Lijevani brončani prsten sa uzorkom
na četvrtastoj kruni uzvišen nad
platformom. Uzorak sadrži zvijezdu i
polumjesec iznad, odnosno ispod.
Težina 4.9 g.
Pronađeno u Andrijaševcima.

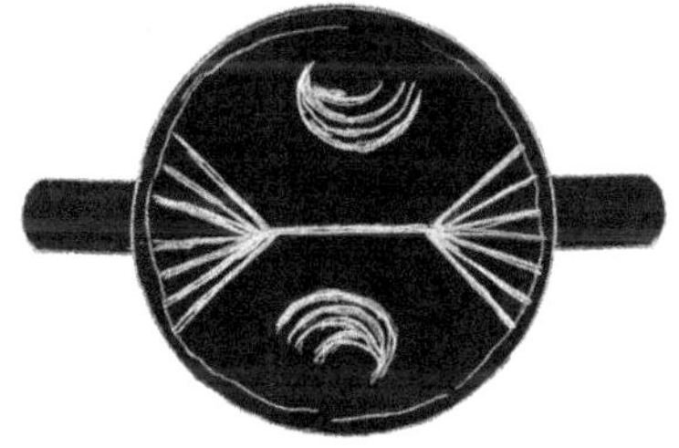

317. Lijevani brončani prsten sa
dizajnom 'lepeza i krila'.
Kruna 6.3 gr. 12 mm Ø.
Pronađeno u Rokovcima – Đubravci.

318. Lijevani brončani prsten sa uzorkom
na okrugloj kruni. Ukrašen na
ramenima.
Težina 6.3 g.
Pronađeno u Ostrovu.

319. Lijevani brončani prsten sa uzorkom
na okrugloj kruni. Ukrašen na
ramenima.
Težina 6.8 g.
Pronađeno u Ostrovu.

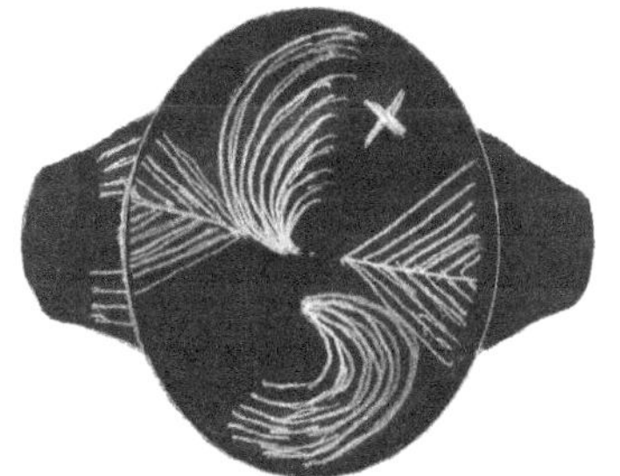

320. Lijevani brončani prsten sa
asimetričnom verzijom. X se nalazi u
jednoj četvrtini prstena.
6.7 gr.
Pronađeno u Rokovcima – Đubravci.

321. Lijevani brončani prsten sa
    šesterokutnim licem, simetrični
    dizajn, sličan prstenu ispod.
    8.5 gr.
    Nađeno u Rokovcima - Đubravci

322. Dvodijelni prsten sa okruglim licem
    i tankim žičanim obručem. Na licu je
    simetrični dizajn, sličan prstenu
    iznad.
    1.3 gr.
    Pronađen u Jarmini – Jakovci.

323. Lijevani brončani prsten sa debelom
    okruglom krunom, sa uklesanom
    dekoracijom na svakoj strani.
    Izbočina na pozadini prstena.
    Težina 7.8 g.
    Pronađeno u Drenu, Vinkovci.

324. Lijevani brončani prsten
    povišene krune sa uzorkom
    mreže sa svake strane i
    zvijezdom unutar svakog polja.
    Ukrašen paralelnim linijama na
    ramenima i zvijezdom na
    svakom povišenju koji proširuje
    kariku sa svake strane.
    Težina 6.9 gr., nađen u Bršadinu.

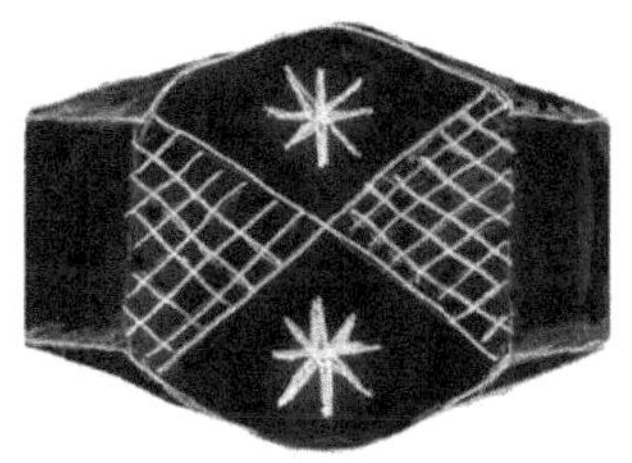

325. Dobro iznošen prsten od lijevane bronce, na šesterokutnoj kruni. Uzorak mreža na svakoj strani i zvijezdom na svakom polju. Težina 6.2 g. Pronađeno u Nuštru.

326. Lijevani brončani prsten izobličenog lica sa uzorkom lepeze i krila. Obruč je povišen dvaput na ramenima, te ukrašen vertikalnim linijama. Promjer 8.5 g. Našao Dean Crawford u Rokovcima (Đubraci).

327. Lijevani brončani prsten male povišene okrugle krune sa uzorkom lepeza i krila. Duboko urezane paralelne linije krase ramena i prewlaze u proširenu uzvisinu na obadvije strane, koja nosi uzorak zvijezde. Promjer 10 mm, težina 5.2 gr. Nađen u Tordincima.

328. Lijevani brončani prsten uzorka ¨lepeza i krila¨. Urešen na ramenima. Promjer 5.1 g. U Rokovcima (Đubraci) našao Dean Crawford.

329. Lijevani brončani prsten uzorka
"lepeza i krila". Ukrašen na
ramenima.
Težina 7 g..
U Rokovcima (Đubraci) našao
Dean Crawford.

330. Lijevani brončani prsten sa
uzorkom na okrugloj kruni.
Motiv zvijezde i polumjeseca
iznad i ispod. Ukrašen na
ramenima.
Težina 4.7 g.
Pronađeno u Podgrađu

331. Teški lijevani prsten od bronce sa uzorkom na ovalnoj kruni. Zvijezda iznad i
polumjesec ispod motiva. Ukrašen na ramenima i okolo krune. Vrlo slićan obliko
i uzorkom prijašnjem prstenju.
Težina 10 gr.
Nađen u Rokovcima.

332. Lijevani brončani prsten blago eliptičnog oblika u najširem dijelu karike. Uzorak lepeze sa polukružnim dijelovima ugravirani sa svake strane. Uzorak dijagonalnih linija u tri niza okolo krune.
Kruna 13x14 mm., težina 8.6gr.
Nađen u Tordincima.

Zatvoreni dizajni

Ovo su većinom lijevani prsteni sa određeni malim specifičnim motivom smještenim u centru ili okruženim serijom raznim uzoraka okolo unutarnjeg ruba krune.

333. Lijevani brončani prsten sa duguljastom šesterokutnom krunom. Na kruni uzorak cvijeta sa četiri latice zatvoren unutar ovala.
Težina 6.8 g. Kruna 21 x 24 mm.
Pronađeno u Nuštru.

334. Lijevani brončani prsten sa dobro urađenim linearnim dizajnom na osmerokutnoj kruni. Težina 7.4 g.

335. Jednodijelni brončani prsten na debeloj podlozi. Na ovalnoj kruni duboko je urezan dizajn koji se sastoji od 4 zaobljene sekcije koje omeđuju zvijezdu.
Mato Ilkić, Sotin.

336. Lijevani brončani prsten okrugle krune na najširem dijelu karike. Ugravirani uzorak je sačinjen od 6 arkada poredanim u krug okolo ruba krune, svaki sadrži liniju. Omeđen centar je prazan.
Ukrašen linijama na ramenima.
Kruna promjera 11 mm, težina 7 gr.

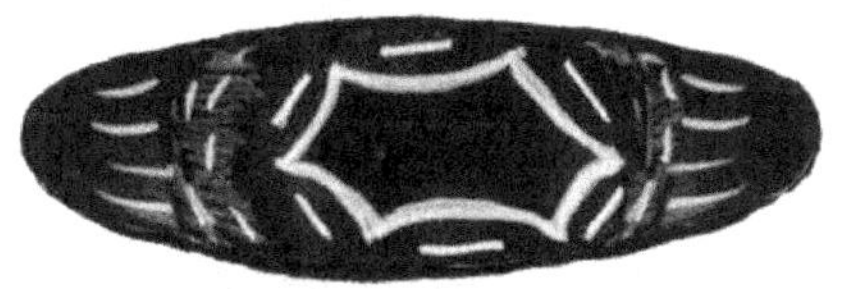

337. Uski lijevani prsten sa uzorkom
na širem dijelu prstena koji se
sastoji od zakrivljenih linija
unutar obruba.

338. Slomljeni lijevani prsten od
legure sivog materijala sa
eliptičnimlicem i ureckanim
uzorkom.Prsten na stranama
također ima ugravirane linije te
ramena obruča također imaju
paralelne linije.
Promjer lica je 20x10 mm.
U Andrijaševcima pronašao
Michael Pierce.

339. Lijevani brončani prsten sa
uzorkom četiriju zakrivljenih
linija koje zatvaraju oblik
eliptičnih tetiva na okrugloj
kruni, a u sredini prstena se
nalazi zvijezda.
Težina 2.7 g.
Pronađeno u Drenu, Vinkovci.

340. Iznošeni lijevani brončani prsten.
Uzorak na ovalnoj kruni. Ukrašen
na ramenima.
Težina 4 g.
Pronađeno u Cerni.

341. Dvodijelni bakreni prsten sa
uzorkom grane unutar četri
zakrivljene linije i ukrašenim
sekcijama uzduž obruba.
Težina 3.25 g.
Pronađeno u Spačvi.

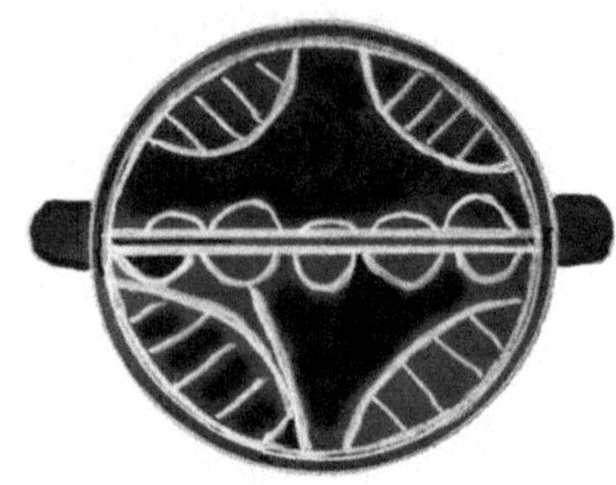

342. Dvodijelni prsten sa okruglom
krunom prikazuje uzorak
sastavljen od dvaju sekcija
omeđenog četveroma
zakrivljenim linijama i podijeljen
linijama sa polukružnim
rezbarotinama na svakoj strani
linija.
Težina 4 g. Promjer 13 mm.
Pronađeno u Nuštru.

343. Lijevani prsten sa ovalnom
krunom. Obruč slomljen. Uzorak
četiriju polukrugova sa linijama
prema rubu. Središte prazno.
 Pronađeno u Retkovcima-
Ivankovo.

344. Lijevani prsten sa ovalnom
krunom. Uzorak polukrugova sa
linijama uzduž ruba koje čine rob
sa ulegnutim stranama. Unutarnje
polje sadrži običan križ sa malim
linijama koje zrače prema van.
6.2 g.
Pronađeno u Karadžićevu.

345. Lijevani prsten sa duguljastom osmerokutnom krunom. Uzorak četiriju zakrivljenih linija uzduž ruba, svaki sadrži uzorak lista, te tvore pravokutnike sa ulegnutim stranama. Unutarnje polje ukrašeno linijama koje presijecaju polje. Težina 7.7 g.
Pronađeno u Ostrovu.

346. Lijevani prsten sa ovalnom krunom. Uzorak četiriju polukrugova uzduž ruba tvori četverokut sa ulegnutim stranama. Unutar svakog polukruga nalaze se eliptična udubljenja. Na manjem polju nalazi se zvijezda. Na ramenima uzorak poprečnim linija. Težina 8 g.

347. Dvodijelni prsten sa okruglom krunom nosi uzorak četiriju polukrugova sa linijama unutar dvaju koncentričnih krugova. Kroz centar prolazi prikaz dekoriranog debla.
Težina 4.8 g. Promjer 19 mm.

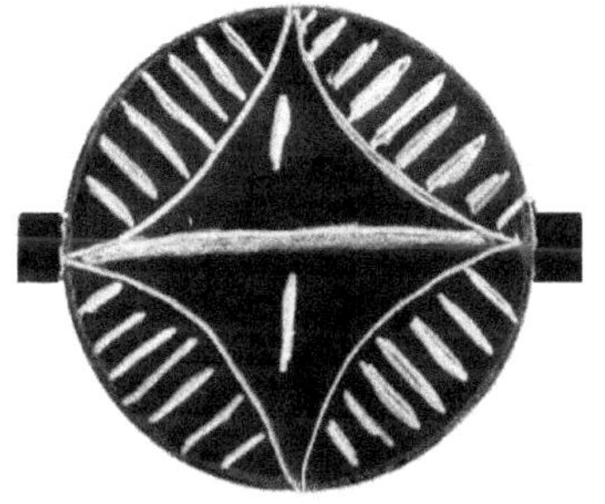

348. Dvodijelni prsten sa okruglom krunom nosi uzorak četiriju polukrugova ukrašenim linijama. Vodoravna linija vodi kroz centar polja, sa manjim vertikalnim linijama urezanima sa strane. Težina 4.8 g. Promjer 19 mm.

349. Lijevani brončani prsten sa četiri
arkade ukrašen linijama koje
zatvaraju središnje polje, te zasječen
četirima kratkim linijama.
Težina 3.1 g. Promjer 15 mm.
Pronađen u Lazama.

350. Jednodijelni prsten sa uzorkom 4
arkade ispunjene linijama koje
zatvaraju četverolisni lik uređen u X
oblik. Oštećen.
Težina 4.8 gr. Promjer krune 12 mm.
Nađen u Mirkovcima.

351. Brončani lijevani prsten sa četiri
arkade ukrašen linijama koje
zatvaraju središnje polje, te dvije
linije koje se križaju.
Težina 2.6 g. Promjer 12 mm.
Pronađen u Lazama.

352. Lijevani prsten sa ovalnom krunom
nosi uzorak četiriju polukrugova
urešenih linijama unutar dvaju
koncentričnih krugova. Uzorak
dekoriranog debla prolazi kroz
središnje polje. Male oznake sa
svake strane.
Težina 5.7 g. Promjer krune 20 x 17
mm.

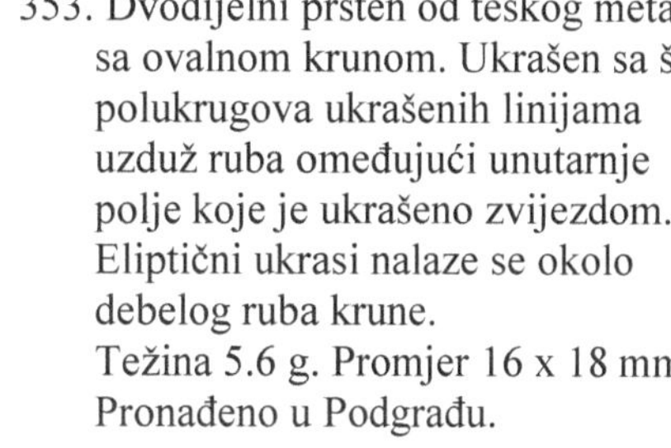

353. Dvodijelni prsten od teškog metala sa ovalnom krunom. Ukrašen sa šest polukrugova ukrašenih linijama uzduž ruba omeđujući unutarnje polje koje je ukrašeno zvijezdom. Eliptični ukrasi nalaze se okolo debelog ruba krune.
Težina 5.6 g. Promjer 16 x 18 mm.
Pronađeno u Podgrađu.

354. Lijevani brončani prsten sa ovalnom krunom ukrašen sa osam polukrugova uzduž ruba krune prstena međujući središnje polje, koje je prazno. Male elipse koje se nalaze u svakom polju tvore polukrugove. Ukrašen i na ramenima.
Kruna 9 x 13 mm. Težina 4.2 g.
Pronađeno u Mirkovcima.

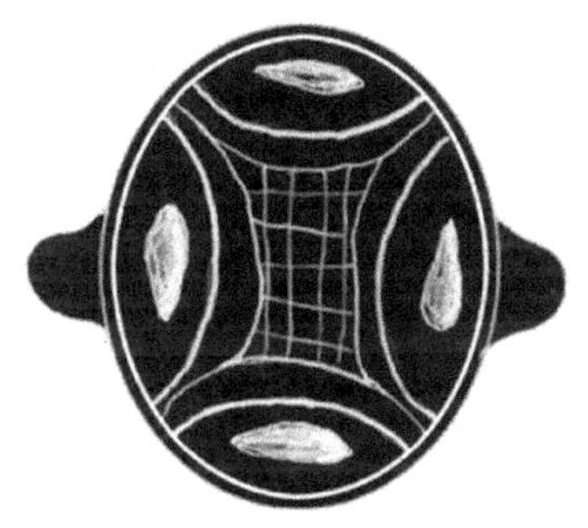

355. Lijevani brončani prsten sa blago ovalnom krunom ukrašenu četirima polukrugovima duž ruba formiraju središnje polje, koje je također ukrašeno uzorkom mreže. U svakom vanjskom polju elipse.
Pronađeno u Rokovcima.

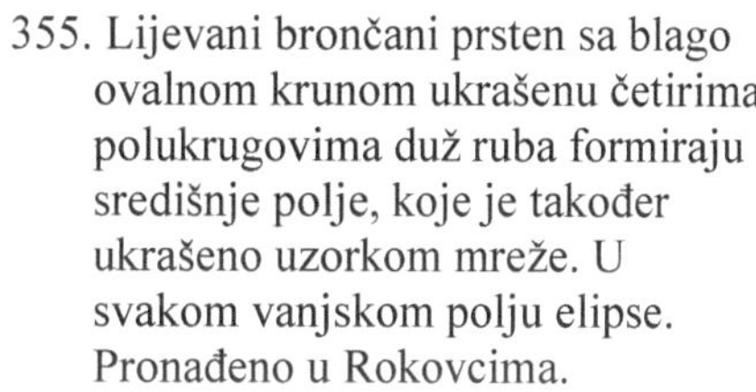

356. Lijevani brončani prsten sa ovalnom krunom nosi uzorak četiriju polukrugova ukrašenih linijama koje omeđuju centar koji sadrži romb. Sa strane na debeloj kruni su velike udubine, koje mjenjaju oblik krune.
Težina 2.6 g.
Pronađeno u Karađićevu.

357. Srebrni jednodijelni prsten sa
okruglom krunom i plosnatim
obručem. Uzorak četiriju
polukrugova ukrašen linijama koje
formiraju centralno polje, a unutar
njega mali križ jednakih dužina
ruku. Oštećen.
Težina 1.8 g. Kruna 13 mm Ø.
Pronađeno u Ostrovu.

358. Iznošen lijevani prsten sa
okruglim žičanim obručem. Uzorak
romba je podijeljen dvjema
paralelnim zakrivljenim linijama.
Težina 2.9 g. Promjer 11 mm.
Pronađeno u Nuštru.

Simetrični križni uzorak

359. Mali jednodijelni prsten od debelog materijala, sa malom krunom načinjenom od dijela obruča koji je spoljošten. U sredini simetrični uzorak križa.
Promjer 9mm.

360. Jednodijelni prsten sa dizajnom simetričnog križa omeđen krugom.
Kruna 13.5 mm Ø. 1.3 gr.
Nađen u Jarmini, Jakovci.

361. Dvodijelni prsten velike okrugle krune i karike D profila. Uzorak fino urađenog križa sa rubovima i arkadama u svakoj četvrtini. U sredini označen X.
Promjer 23 mm.
Nađen u Podgrađu.

362. Jednodijelni prsten sa obrubom načinjenim od finih recki. Uzorak simetričnog četvroručnog križa nalika palminom lišću.
Težina 1.1 g. Promjer 11 mm.
Pronađeno u Ostrovu.

363. Dvodjelni prsten sa plosnatim obručem. Na okrugloj kruni nalazi se uzorak od četiriju jednakih trokuta okruženih dubokim obrubom sa linijama koje zrače između koncentričnih krugova. Promjer 25 mm.
Pronađeno u Privlaci.

364. Jednodijelni prsten sa simetričnim "osmerokračnim" likom sačinjenim od latica unutar dvaju koncentričnih krugova. Na ramenima obruča nalaze se uzorci slova X.
Težina 1.15 g. Promjer 12 mm.
Pronađeno u Nuštru.

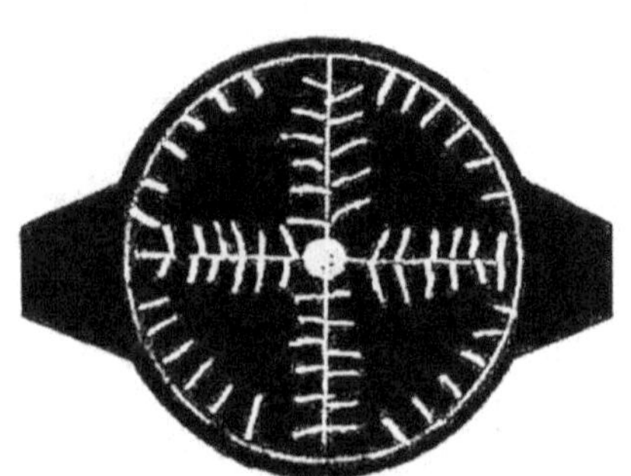

365. Jednodijelni tanki bakreni prsten loše kvalitete sa simetričnim uzorkom ¨paprati" čini križ .
Promjer 11 mm.

366. Mali lijevani brončani prsten, povišen, ovalne krune sa grubo obrađenim cvijetom koji se sastoji od četiri lista unutar kruga. Ukrašen vertikalnim linijama u nizu nad stepenicama na gornjem dijelu obruča.
Promjer 12 mm. Težina 5.75 g.
Pronađeno u Nuštru.

367. Lijevani brončani prsten sa
četverokutom u centru. Ravna
linija u svakoj četvrtini.
Ukrašen na ramenima.

368. Djelić prstena sa povišenom,
blago ovalnom krunom.
Grubo urađen uzorak ″četiri
″lista na kruni. Na ramenima
također ukrašen.
Pronađeno u Ostrovu.

369. Mali dvodijelni prsten od
tankog bakra sa žičanim
obručem. Na okrugloj kruni
ugraviran uzorak križa unutar
kruga. Obrub od sitnih rupica.
Promjer 12 mm.

370. Veliki dvodijelni prsten od
legure srebra sa povišenim
rubom. Ukrašen ugraviranim
jednako dugorukim križem,
okružen urcckanim obrubom.
Obruč koji nedostaje bio je
sastavljen od tri uvrnute
žičane strune.
Promjer 19 mm.
Pronađeno u Privlaci.

371.Mali srebrni prsten okrugle krune sa simetričnim cvijetnim uzorkom, kruna oštećena. Obruč nedostaje.
Promjer 12.5 mm.
Pronađeno u Nuštru.

372. Lijevani brončani prsten okrugle krune sa uzorkom ″četiri lista″. Ureckane linije na obruču. Uzorak sadrži ostatke bijelog cementa.
Promjer 20 mm. Težina 3.8 g.
Pronađeno u Antinu.

373. Okrugli prsten čija se kruna sastoji od tanke bronce sa ugraviranim paralelnim linijama, i manjim lijevanim kvadratom koji je naheren, te uzorkom križa, reljefno, ispunjen sivim metalom. Obruč nedostaje.
Promjer 15 mm.
Pronađeno u Nuštru.

374. Jednodijelni prsten sa fino obrađenim uzorkom križa na okrugloj kruni s obručem. Oštećen.
Promjer 13.3 mm. Težina 1.3 g.
Pronađeno u Ostrovu.

375. Jednodijelni prsten sa ureckanim simetričnim uzorkom na okrugloj kruni s obručem. Obrub od sitno ureckanih linija.
Promjer 18 mm.

376. Jednodijelni prsten sa ureckanim simetričnim uzorkom unutar krune i karike. Rub sačinjen od dvaju koncentričnih krugova. Ukrašen na ramenima.
Promjer 11mm., težina 1.0 gr.

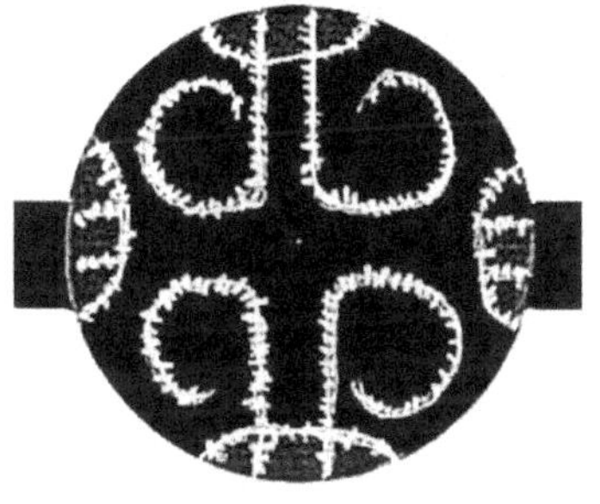

377. Mali dvodijelni prsten od legure bakra sa sitno usječenim simetričnim križem na okrugloj kruni. Plosnati obruč.
Težina 2.6 g. Promjer 13 mm.
Pronađeno u Jarmini

378. Dvodijelni prsten uzorak unutar dvaju koncentričnih krugova.
Kruna ovog prstena je probušena i ponovno upotrebljena nakon što je obruč slomljen.
Promjer 12 mm.

379. Prsten okrugle krune sa povišenim
rubom i loše ugraviranim uzorkom
križa.
Promjer 18 mm.

380. Srebrni lijevani prsten sa okruglom
krunom na uskom vratu. Malo
oblikovan na tankom obruču. Uzorak
dobro urađen okolo četverolisnog
uzorka. Iz kolekcije Mate Ilkića, iz
Sotina.

381. Lijevani okrugli brončani prsten
okruglog lica na povišenom vratu.
Uzorak blago ukošen. Oblikovan i
urešen na ramenima.
Promjer 14.8 mm.
Težina 8.4 g.
U Rokovcima (Đubraci) našao Marin
Šimičić.

382. Jednodijelni prsten sa poprečnim
linijama na ramenima. Zarezan okolo
ruba krune. Na kraju urezan uzorak
križa.
Težina 1.8 g. Promjer 13 mm krune.
Pronađeno u Nuštru.

383. Dvodijelni prsten sa okruglom krunom nosi ureckan uzorak križana unutar omeđenog kruga. Ukrašen na ramenima.
Težina 1.15 g. Promjer 7 mm.
Pronađeno u Ostrovu.

384. Dvodijelni prsten okrugle krune sa uzorkom križa i lepeze. Polja između ruku križa ukrašena uz dužinu ruba izmjenično trokutima i polukrugovima, sa ugraviranim okruglim obrubom. Obruč nedostaje.
Promjer 11 mm.
Pronađeno u Ivankovu.

385. Četvrtasti brončani prsten bez uglova tako da tvore osmerokut. Obruč nedostaje. Simetrično ugraviran uzorak sa različitim oblicima u tri ugla.
Iz kolekcije, Mate Ilkića, Sotin.

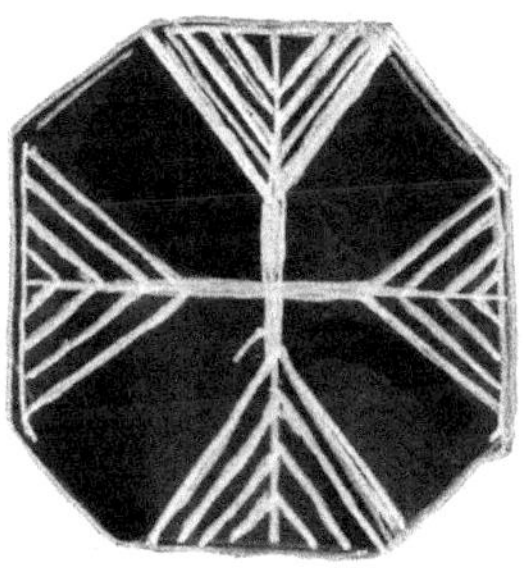

386. Loše urađen dvodijelni prsten osmerokutnog oblika krune, karika nedostaje. Uzorak križa jednako dugačkih ruku sa velikim poljima ispunjenim uzorkom lepeze.
Dimenzije 12x12 mm.
Nađen u Privlaci.

387. Oštećen dvodijelni prsten sa četiri lepeze koje čine lik križa. Rub sačinjen od dvaju koncentričnih krugova. Karika ravna.
Promjer 11mm., težina 4.8 gr.
Nađen u Pačetinu.

388. Jednodijelni plosnati prsten sa okruglom krunom nosi uzorak križa kojega čine četiri elipse, polja između također nose duboko urezane elipse uzduž okruglog obruba. Dva od njih su nazubljena prema unutrašnjosti prstena.
Težina 1.8 g. Kruna 8mm Ø.
U Boboti našao Scott Ellis.

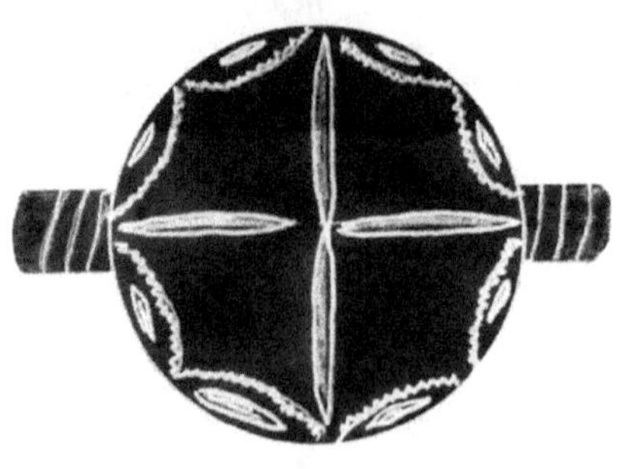

389. Lijevani brončani prsten sa okruglom krunom nosi uzorak križa načinjen od četiri duguljaste elipse, obrub ukrašen serijom krivulja, polja unutar njih sadrže elipse. Na ramenima ukrašen dijagonalnim paralelnim linijama.
Težina 4.9 g. Kruna 14 mm Ø.
Pronađeno u Nuštru.

390. Jednodijelni prsten sa okruglom krunom na kojoj je križ jednake duljine ruku unutar udubljenog kruga. Ukrašen na ramenima.
Težina 1.55 g. Kruna 9 mm.
Pronađeno u Tordincima.

391. Dvodijelni prsten sa okruglom krunom i jednostavnim simbolom križa ravnih linija sa zrakastim linijama unutar širokog obruba. Obruč nedostaje
Promjer 20 mm.
Pronađeno u Nuštru.

392. Jednodijelni plosnati prsten sa križem od šest ruku unutar obruba od dvaju koncentričnih krugova.
Težina 1.55 g. Kruna 11 mm.
Pronađeno u Nijemcima.

393. Dvodijelni prsten sa karikom četvrtastog profila. Uzorak križa formiran je od veće paprati sa manjom paprati između svake ruke.
Težina 1.9 gr. Kruna promjera 14 mm.
Nađen u Gabošu.

394. Lijevani brončani prsten sa križem načinjenim od četiriju elipsa, dok polja unutar njih sadrže tri linija koje se zakrivljuju prema unutra između svake ruke.
Težina 4.7 g. Promjer 9 mm.
Pronađeno u Mirkovcima.

395. Jednodijelni prsten sa okruglom krunom. Obrub od dvaju koncentričnih krugova. Prvi s vana nešto širi krug dublje ugraviran. Jednostavan simbol križa sa redovima toči u obliku suza zrači prema van od centra. Također ukrašen na ramenima.
Težina 2.2 g. Promjer 12 mm.
 Pronađeno u Nuštru.

396. Jednodijelni brončani prsten plosnate krune sa simetričnim cvijetnim uzorkom uunutar dvaju koncentričnih krugova, a vanjski je udubljen. Na ramenima znakovi X načinjeni od četiriju eliptičnih žlijebova. Oštećen.
Težina 1.3 g. Kruna 13 mm..
Pronađeno u Karadžićevu.

397. Okrugla kruna dvodijelnog prstena sa uzorkom križa unutar koncentričnih krugova. Obruč nedostaje.
Težina 0.5 g. Promjer 14 mm.
Pronađen u Lazama.

398. Jednodijelni brončani prsten sa duboko ureckanim križem ili zvijezdom unutar okruglog obruba, ureckanog. Na ramenima ukrašen trima poprečnim linijama.
Težina 1.3 g.
Promjer 14 mm.
U Cerni našao Michale Tyte.

399. Jednodijelni brončani prsten sa duboko ureckanim uzorkom križa ili zvijezde unutar kružno ureckanom ruba. Recka u centru. Rub ureckan.
Težina 1.6 gr., promjer 13 mm.
Nađen u Karadžićevu.

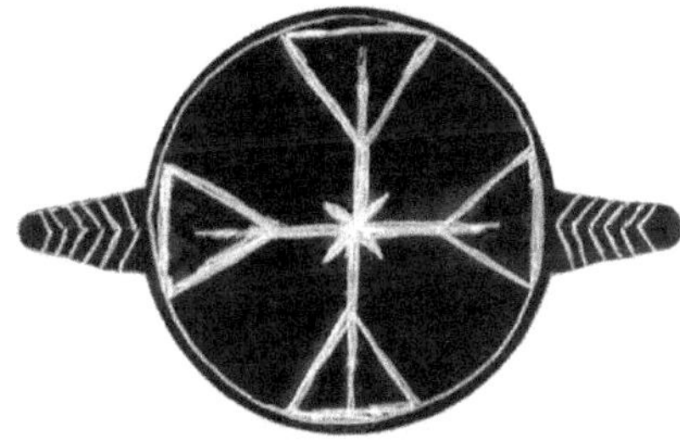

400. Mali jednodijelni prsten sa uzorkom križa sa krakovima koji završavaju trokutima. Ukrašen na ramenima.
Promjer 9.5 mm, težina 1.3 g.
U Rokovcima našao Michael Tyte.

401. Mali dvodijelni prsten plosnatog obruča sa simetričnim križem ii kompasom na okrugom licu unutar ureckanog kruga.
Promjer 10.2 mm, težina 0.6 r.
U Privaci našla Julia Williams.

402. Djelić malog jednodijelnog prstena
sa cvijetnim uzorkom šest latica
unutar kruga.
Pronađeno u Privlaci.

403. Djelić malog lijevanog srebrnog
prstena sa šestokračnim uzorkom sa
ureckanim linijama između krakova.
Promjer 14 mm.
U Privlaci našao Michael Tyte.

404. Dvodijelni prsten od legure bakra sa
okruglom krunom i ugraviranim
uzorkom osmerokračnog križa sa
krivuljama unutar svakog polja i
plosnatim obručem.
Promjer 16 mm. Težina 1.8 gr.
Pronađeno u Jošinama, Vinkovci.

405. Dvodijelni prsten sa okruglim
žičanim obručem. Okrugla kruna
ukrašena simetričnim uzorkom sa
osam krakova unutar dvaju
koncentičnih krugova i krivuljama.
Promjer 11.4 mm Ø.
Pronađeno u Jarmini.

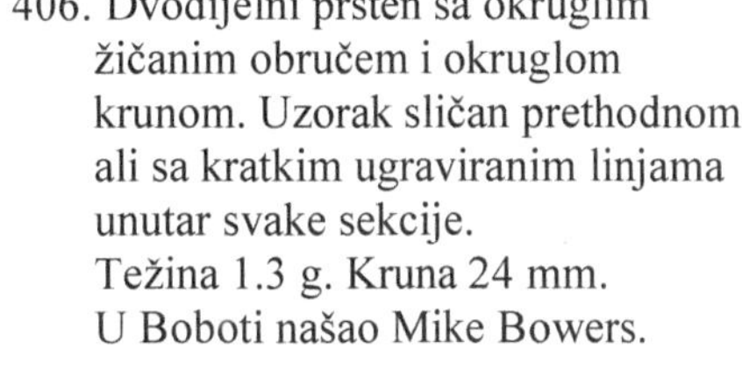

406. Dvodijelni prsten sa okruglim
žičanim obručem i okruglom
krunom. Uzorak sličan prethodnom
ali sa kratkim ugraviranim linjama
unutar svake sekcije.
Težina 1.3 g. Kruna 24 mm.
U Boboti našao Mike Bowers.

407. Mali dvodijelni prsten okruglog
žičanog obruča i okruglog licasa
ugraviranim uzorkom kruga
podijeljenog u osam dijelova unutar
kruga.
Težina 0.2 g.
Promjer 11.5 mm.
Nađeno u Rokovcima (Đubraci).

408. Lice okruglog prstena sa
ugraviranim dizajnom polja
podijeljenog na sedam dijelova,
vanjske linije dobro obrađene.
U Andrijaševcima našao Gordon
Herritage.

409. Dvodijelni prsten sa okruglim licem.
Obruč nedostaje. Uzorak sličan
prethodnom, ali uz kratke linije
ugravirane unutar svake dvanaestine.
Nađeno u Rokovcima – Đubraci.
Promjer lica 17 mm.

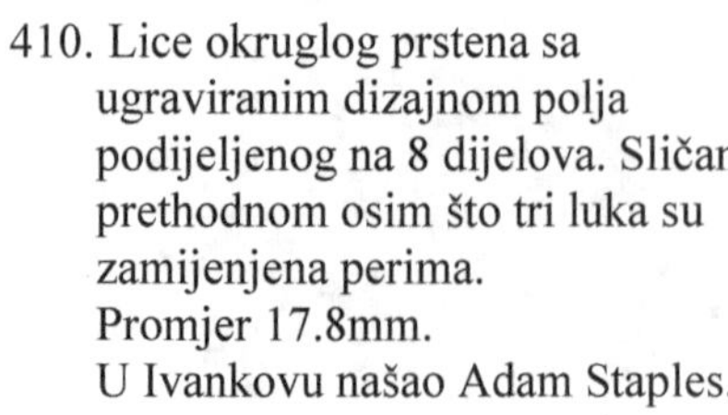

410. Lice okruglog prstena sa
ugraviranim dizajnom polja
podijeljenog na 8 dijelova. Sličan
prethodnom osim što tri luka su
zamijenjena perima.
Promjer 17.8mm.
U Ivankovu našao Adam Staples.

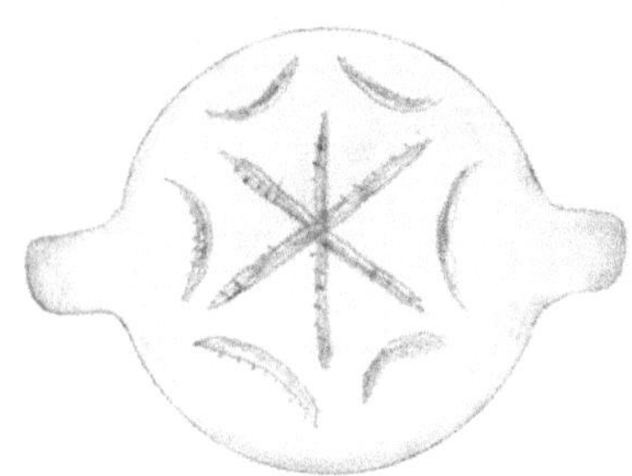

411. Mali jednodijelni prsten od
lijevanog srebra. Zvijezda
šesterokraka smještena u centru
okrugle krune. Kratke krivulje
unutar obruba između svakog
kraka.
Promjer 10 mm.
 Pronađeno u Oroliku.

412. Dvodijelni srebrni prsten
okrugle krune. Na kruni dobro
urađen uzorak 'zatvorenog tipa'.
Četiri jednako dugačke
zakrivljene linije omeđuju
centar. Unutar zakrivljenih
linija nalaze se zubci, a s vanjske
ukrasi u obliku hrastovog lišća.
Središnje polje koje ima ureze
prikazano je u obliku križa sa
romboidnim rukama.
Promjer 14 mm.
 Pronađeno u Pačetinu.

413. Dvodijelni srebrni prsten sa
lagano ugraviranim uzorkom u
središnjem polju omeđenog sa
pet krivulja uzduž obruba, koji
su ukrašeni linijama koje zrače
prema van. U središnjem polju
cvijet od pet latica. Obruč
nedostaje.
Promjer 20 mm.
Pronađeno u Nuštru.

414. Jednodijelni prsten sa
     zvijezdom od osam krakova
     unutar kruga. Ukrašen na
     ramenima.
     Težina 1.3 g. Promjer 11mm.
     U Cerni našao Robert Kulić.

415. Veliki dvodijelni prsten sa
     cvijetnim uzorkom osam latica
     unutar koncentričnih krugova.
     Obrubljen uzorkom riblje kosti.
     Obruč polukružnog profila.
     Težina 4.6 g. Promjer 20 mm.
     Pronađen u Lazama.

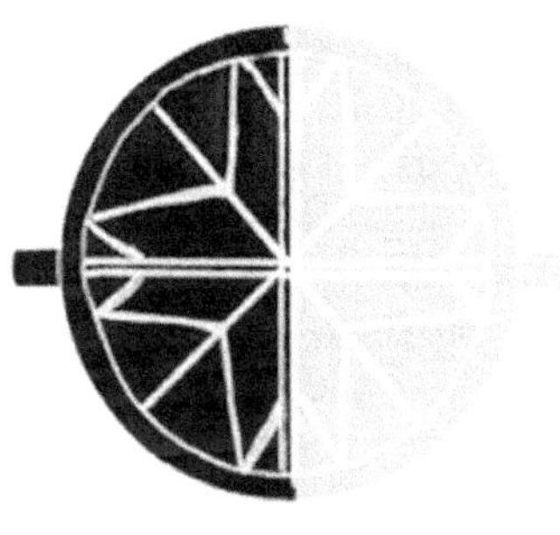

416. Dio dvodijelnog prstena sa
     simetričnim križnim uzorkom
     unutar kruga.
     Promjer 21 mm.
     U Privlaci našao Michel Tyte.

417. Dobro iznošeni brončani prsten
     ovalnog lica na povišenom
     vratu. Obruč slomljen.
     Simetrični dizajn na licu.
     Dekoriran na ramenima.
     Lice dimenzija11 x 14 mm.
     U Andrijaševcima našao
     Leonardo Lukinić.

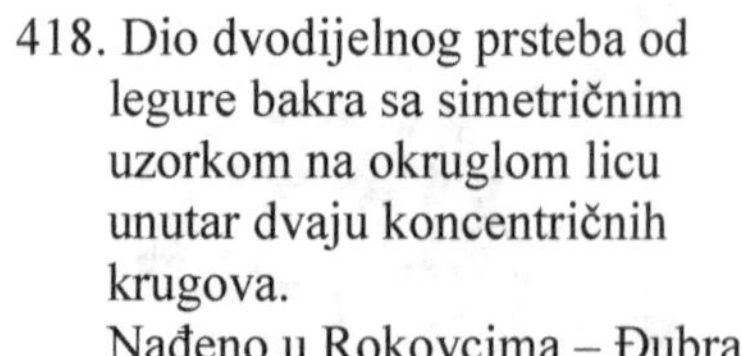

418. Dio dvodijelnog prsteba od legure bakra sa simetričnim uzorkom na okruglom licu unutar dvaju koncentričnih krugova.
Nađeno u Rokovcima – Đubraci.

419. Jednodijelni prsten sa osam jednako dugačkih latica usmjerenih prema centru koji je označen urezanom točkom. Omeđeno sa dva koncentrična kruga. Na ramenima urešen znakovima „X".
Promjer 12 mm., težina 1.1 gr.
Nađen u Nuštru.

420. Jednodijelni prsten plosnate karike. Kruna ukrašena sa osam jednako dugačkih latica usmjerenih prema centru koji je označen urezanom točkom. Karika ukrašena poprečnim linijama.
Promjer 12 mm. Težina 1.9 gr.
Nađen u Retkovcima.

Prsteni nepravilnih oblika

421. Lijevani bronačani prsten sa krunom neobičnog oblika koji nalikuje na krunu pčele ili mrava. Dobro ukrašen sa linijama i trakama.
Težina 3.25 g. Dimenzije krune 10 x 13 mm.
Pronađeno u Karadžićevu..

422. Lijevani bronačani prsten sa krunom neobičnog oblika možda nalika na krunu pčele ili mrava. Ukrašen sa poprilični brojem linija i traka.
Težina 3.4 g. Dimenzije krune 12 x 16 mm.
Pronađeno u Ivankovu.

423. Lijevani brončani prsten krune neobičnog oblika nalika kruni pčele ili mrava. Ukrašen sa manje linija i karika no prethodni, ali sa ukrasima na obruču.
Težina 5.1 g. Dimenzije krune 12 x 14.mm.
Pronađeno u Tordincima.

424. Lijevani brončani prsten sa krunom neobičnog oblika nalika kruni pčele ili mrava. Dobro ukrašen linijama i trakama.
Težina 5.8 g. Dimenzije kruna 11 x 14 mm.

425. Lijevani brončani prsten lica
   neobičnog izgleda nalika pčeli ili
   glavi. Fino ukrašen linijam i
   obručem. Urešen i na ramenima.
   Težina 6.6 g.
   U Rokovcima (Đubrići) našao Steve
   Hawthorne.

426. Lice lijevanog prstena. Obruč
   nedostaje.
   17 x 12.5 mm
   U Rokovci (Đubrići), našao Pero
   Matkić.

427. Mali lijevani brončani prsten lica
   neobičnog izgleda nalik pčeli ili
   glavi. Fino ukrašen linijam s
   obručem.
   Najveći promjer 12 mm.
   Mjesto pronalaska Rokovci, Đubraci.

428. Lice lijevanog prstena sa
nazubljenim donjim dijelom.
Ureckani dizajn linija na licu prstena.
Dimenzije 18 x 14 mm.
U Privaci našao Michael Tyte.

429. Lijevani prsten sa neobičnom
krunom u obliku suze. Mali zasjeci
na svakoj strani vrha. Jedini ukras
linija untar ruba.
Težina 5.4 g.
Pronađeno u Nuštru.

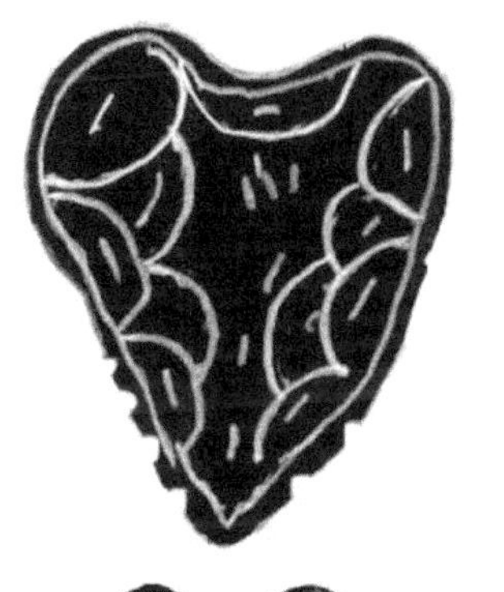

430. Mali, loše urađeni prsten lica oblika
srca sa nazubljenim donjim dijelom.
Na licu uzorak mjehurića.
Visina 12 mm.
U Retkovcima našao Gordon
Herritage.

431. Lijevani brončani prsten sa
okruglom krunom na dvije strane
urezan što ga preznačava u oblik
pješčanog sata. Ukrašen parovima
tankih linija.
 težina8.65 g.
Pronađeno u Gabošu.

432. Neobičan prsten lijevan od bronce sa
     eliptičnom krunom na kojoj se nalaze
     tri povišena zuba. Kruna je ukrašena
     uskim valovima u obliku slova 'S'.
     Težina 7.5 g.
     Dimenzije krune 8 x 11 mm.
     Pronađeno u Podgrađu.

Prva četiri prstena u ovoj grupi imaju dosta zajedničkog. Neobičnog oblika i dosta
ukrašen indicira da ga je možda načinila ista osoba, iako su pronađeni prilično
udaljenim lokacijama i njihove veličine i težina variraju.

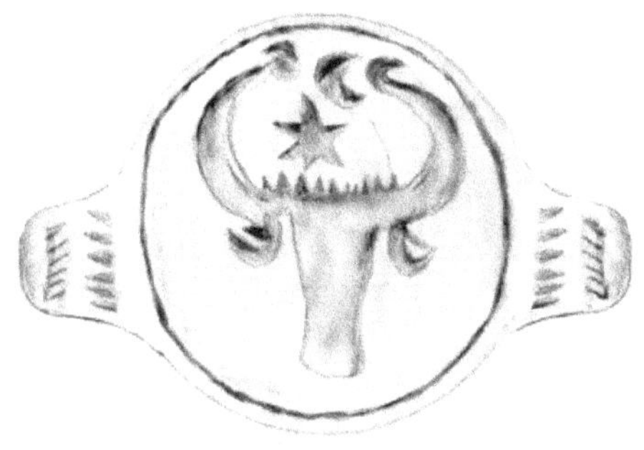

433. Jednodijelni srebrni prsten sa uzorkom bikove glave, I zvijezdom između rogova unutar ureckanog kruga. Ukrašen na ramenima.

434. Brončani jednodijelni prsten okrugle krune s prikazom glave bika I zvijezdom između rogova, sa ureckanim krugom. Ukrašen na ramenima.

435. Mali jednodijelni prsten od legure bakra sa okruglom krunom i grubo ureckanim uzorkom glave bika. Pola obruča nedostaje.
Promjer 11 mm.
Pronađeno u Ostrovu.

436. Jednodijelni plosnati prsten sa apstraktnim prikazom bikove glaveuzorkom urezanim toliko duboko da je prošao kroz metal. Križevi unutar rombova na ramenima.
Težina 2.3 g. Promjer 13 mm.

437. Dvodijelni prsten sa jakim
obručem i okruglom krunom.
Neobičan apstraktni uzorak
bikove glave na kruni unutar
dvaju koncentričnih krugova.
Obruč slomljen.
Težina 2.4 g. Promjer 15 mm.
Pronađeno u Pačetinu.

438. Dvodijelni prsten od legure
bakra n aokrugloj kruni sa
složenim prikazom glave bika
sličan prethodnom. Oštećen
plugom.
Težina 3.1g. Promjer 20 mm.
Najvjerojatnije pronađen u blizini
Gospića I uvršten je ovdje radi
usporedbe.

439. Oštećen okrugli prsten sa povišenim rubom i loše urađenim ugraviranim uzorkom. Obruč nedostaje.
Promjer 18 mm.
Pronađeno u Mrzoviću.

440. Dvodijelni prsten sa okruglom krunom nosi simetrični uzorak unutar dvaju koncentričnih krugova.
Okrugao žičani obruč slomljen.
Težina 1 gr. Promjer 10 mm.
Pronađeno u Karadžićevu.

441. Dvodijelni prsten sa okruglim žičanim obručem. Lagan uzorak čini se započet kao križ oblika X kojemu su dodane ureckane linije. Uzorak unutar dvaju koncentričnih krugova.
Težina 1.8 g. Promjer 15.5 mm.
Pronađeno u Privlaci.

442. Jednodijelni brončani plosnati prsten. Na okrugloj kruni ima ugraviran uzorak unutar kruga, obrub od sitnih udubljenja.
Pronađeno u Nuštru.

443. Jednodijelni prsten eliptičnog oblika
sa simetrično ugraviranim uzorkom
na kruni i obruču.
Težina 1.2 g.
Pronađeno u Ostrovu.

444. Jednodijelni prsten sa plosnatim
obručem i okruglom krunom i zasad
unikatnim uzorkom.
Težina 3.4 g. Promjer 20 mm.
Pronađeno u Karadžićevu.

445. Mali dvodijelni prsten od tankog
bakra sa plosnati obručem. Na
okrugloj kruni ugraviran uzorak
okomite linije sa po dva zaobrnuta
polumjeseca na svakoj strani, unutar
dvaju ureckanih krugova.
Promjer 12 mm.
Pronađeno u Jošinama, Vinkovci.

446. Oštećen jednodijelni bakreni prsten
sa ugraviranim uzorkom na okrugloj
kruni. Kruna načinjena tako da je
dio žičanog obruča spljošten.
Pronađeno u Ostrovu.

447. Jednodijelni bakreni prsten sa
uzorkom rešetke 4 x 4. Obrub od
reckama načinjenih linija.
Promjer 12 mm.
Pronađeno u Nuštru.

448. Jednodijelni prsten od legure srebra
sa simetričnim cvijetnim uzorkom na
okrugloj kruni. Djelomičan.
Pronađeno u Nuštru.

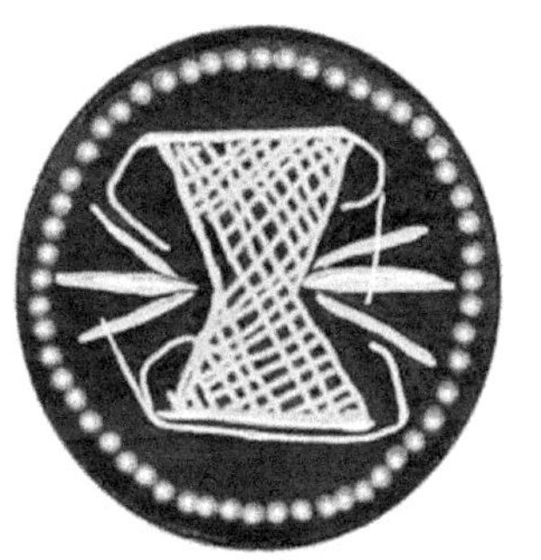

449. Brončani prsten sa loše urađenim
uzorkom untar kruga udubljenih
točkica. Obruč nedostaje.
Težina 1.3 g. Promjer 18.5 mm.
Pronađeno u Starim Jankovcima.

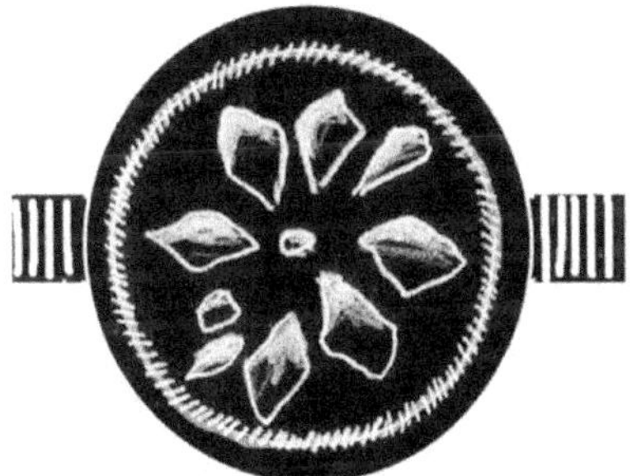

450. Jednodijelni prsten od debele
bronce. Obruč spojen vrlo vidljivo
sa dugački preklapanjem. Na maloj
kruni ima iskrivljen simetrični
uzorak cvijeta. Poprečno ugraviran
obruč i ramena.
Težina 1.9 g. Promjer 12.5 mm.
Pronađeno u Retkovcima.

451. Dvodijelni prsten sa neobičnom romboidnom krunom. Simetrično ugraviran uzorak. Jednostavan žičani obruč. Oštećen.
Težina 1.75 g. Dimenzije 13 x15 mm. Iz kolekcije Domagoja Jovanića, Vinkovci.
Pronađeno u Vinkovačkim Banovcima.

452. Dvodijelni srebrni prsten sa okruglom krunom i povišenim rubom. Obruč od okrugle žice. Jednostavan duboko ureckani uzorak sa vertikalom i krivuljom tvori oblik slova T unutar širokog plitko urađenmog obruba.
Težina 1.85 g. Promjer 11 mm.
Pronađeno u Slakovcima.

453. Prsten nepravilnog kvadratnog lica sauzorkom grane unutar ugraviranog kvadrata.
Romjer 10 mm.
U Rokovcima, Đubraci, našao Luka Rožek.

454. Mali grubo urađen dvodijelni prsten četvrtaste krune nosi uzorak triju dijagonalnih linija sa jednom dubljom poprečnom linijom unutar ureckane linije. Promjer 8 x 8.5 mm. Težina 0.6 g. Obruč nedostaje.
Pronađeno u Nuštru.

455. Dvodijelni prsten plosnatog
   obruča i okrugle krune sa
   uzorkom dvaju trokuta vrhom
   oslonjenim jedan na drugi, te
   dvama polumjesecima
   okrenutim prema van sa svake
   strane uzorka. Obrub široko i
   plitko ureckan.
   Kruna 10 mm Ø. 1.75 g.
   Pronađeno u Karadžićevu.

456. Mali jednodijelno plosnati
   prsten sa uzorkom dvaju trokuta
   okrenutih vrhovima jedan
   prema drugom i ureckanom
   tankom linijom unutar ruba.
   Težina 0.9 g. Promjer 7 mm.
   Pronađeno u Gabošu.

457. Dvodijelni prsten sa ravnim
   obručem i okruglim licem,
   unutar njega je dizajn dva
   trokuta, jedan okrenut preko
   drugoga.Oblik krila na lijevoj
   strani, oblik srca na desnoj.
   Kruna 11.5 mm Ø. Oštećen
   obruč.

458. Ovaj srebrni jednodijelni prsten
   je možda iz kasnijeg razoblja.
   Unutar ureckanog ruba nalazi se
   serijal urezanih otkova okolo
   urezanog neobičnog uzorka.
   Ukrašen na ramenima.
   Težina 1.95 g. Promjer 12 mm.
   Pronađeno u Oroliku.

459. Dvodijelni prsten od legure bakra
sa četvrtastom krunom i izrezanim
uglovima. Uzorak slova 'S'.
Plosnat obruč.
Težina 2.8 g. Promjer 24 mm2
Pronađeno u Jošinama, Vinkovci.

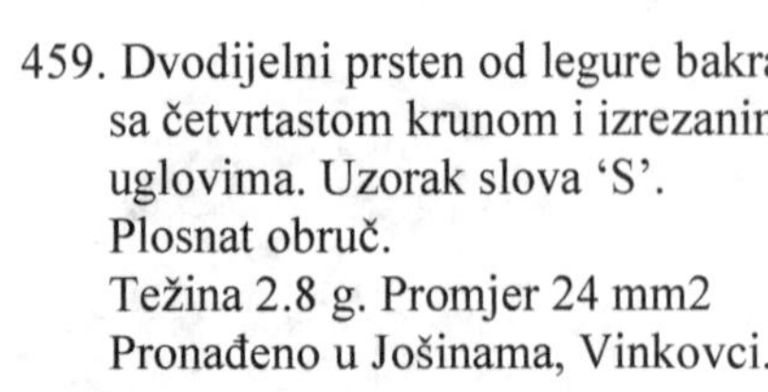

460. Kruna dvodijelnog prstena sa
dobro urađenim apstraktnim
uzorkom koji prati oblik slova 'S',
omeđen sa dva koncentrična kruga
ispunjena dijagonalnim linijama.
Promjer 19 mm.
Pronađeno u Nuštru.

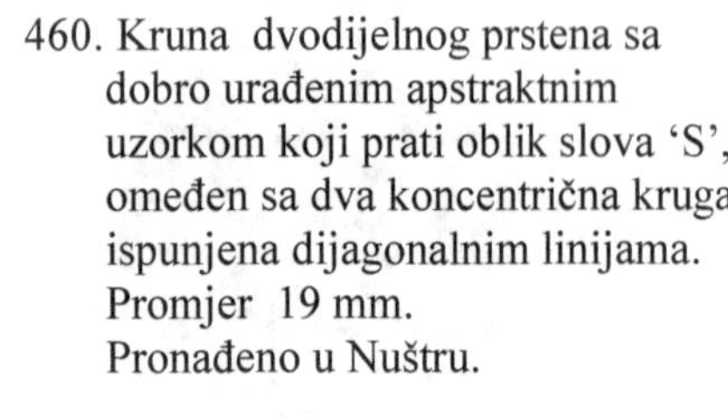

461. Dvodijelni prsten od legure bakra
sa okruglom krunom i ugraviranim
'S' uzorkom unutar ureckanog
kruga i spljoštenog obruča od žice.
Promjer 12.2 mm.
Pronađeno u Privlaci.

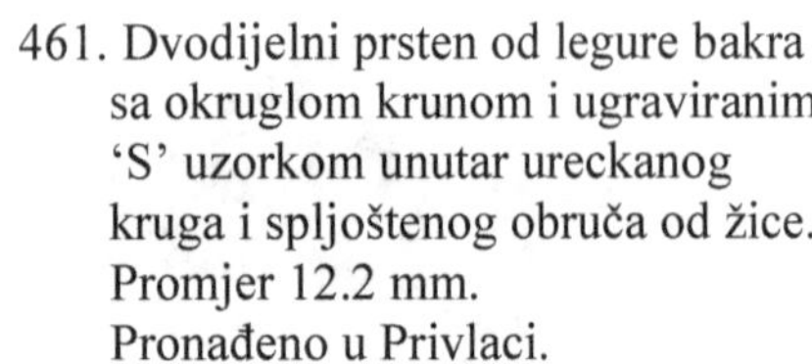

462. Dvodijelni prsten legure bakra
okrugle žičane karike i okrugle
krune, sa ugraviranim „S" ili „N"
motivima unutar ureckanog kruga.
Promjer 13 mm, težina 1.0 gr.

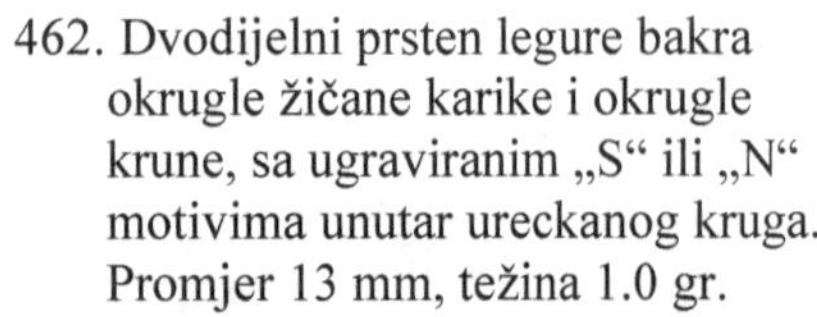

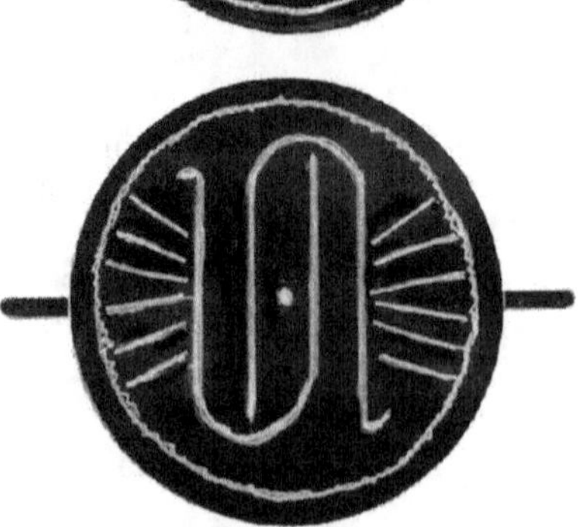

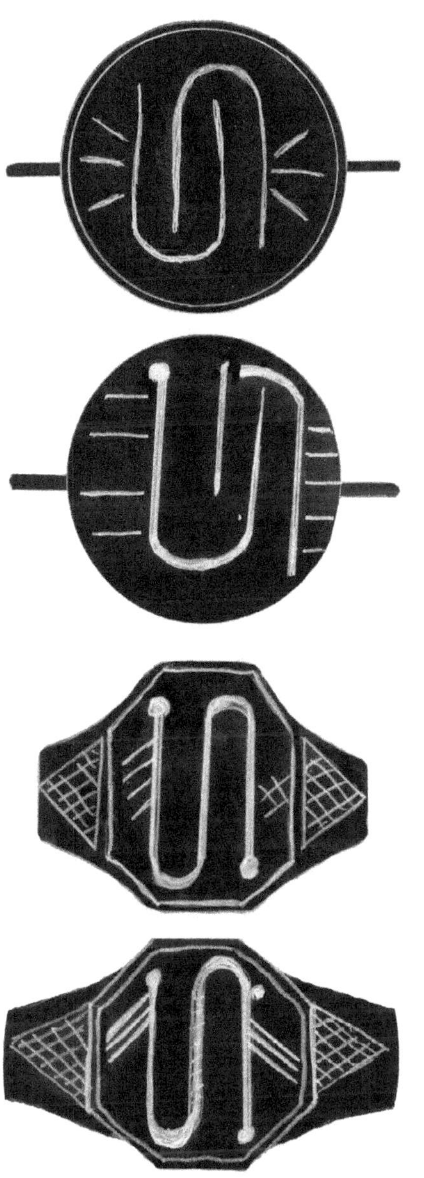

463. Dvodijelni prsten legure bakra
okrugle žičane karike i okrugle
krune, unutar kruga je ugriviran ili
'S' ili 'N' dizajn.
13 mm Ø. 1.1 gr.
Pronađen u Jarmini, Jakovci.

464. Dvodijelni prsten legure bakra
okrugle žičane karike i okrugle
krune, sa loše ugraviranim „S" ili
„N" motivom.
Promjer 12 mm., težina 0.5 gr.
Nađen u Otoku.

465. Dio lijevanog brončanog prstena
sa ″S″ uzorkom na osmerokutnoj
kruni. Uzorak mreže oblika
trokuta na ramenima prstena
Pronađeno u Gradištu.

466. Djelić brončanog prstena sa
uzorkom slova „S" na
osmerokutnoj kruni. Na ramenima
ukrašen mrežom u obliku trokuta.
Kruna 14x14 mm.
Nađen u Ivankovu.

467. Dvodijelni prsten sa okruglim
žičanim obručem i okruglom
krunom i povišenim rubom. Na
kruni uzorak srca ispunjen
mrežom.
Težina 1.6 g. Promjer 16 mm.
Pronađeno u Tordincima.

468. Dvodijelni prsten sa okruglom
krunom i plosnatim obručem. Na
kruni loše urađen uzorak unutar
dobro urađenog obruba.
Težina 4.3 g. Ppromjer 17 mm.
Pronađeno u Tordincima.

469. Mali jednodijelni prsten sa
uzorkom snopa u sredini, i manja
dva snopa sa strane. Na ramenima
prstena po znak X.
Težina 1.4 g. Promjer 14 mm.
Pronađeno u Lazama

470. Jednodijeni prsten od legure
srebra slomjenog obruča. Loše
urađen uzorak na okruglom licu.
Težina 1.2 grama.
Promjer 15 mm.
Nađen u Lazama.

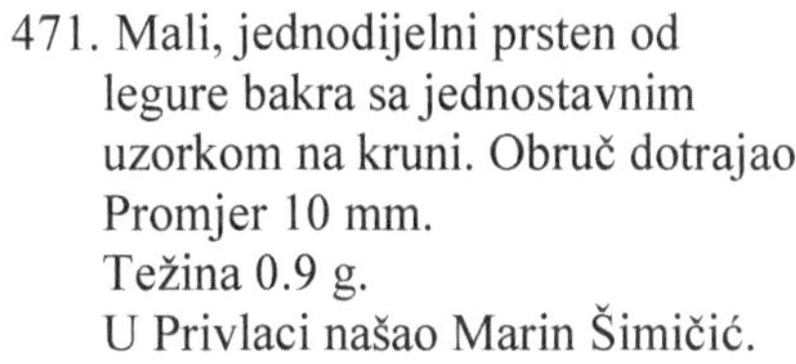

471. Mali, jednodijelni prsten od
legure bakra sa jednostavnim
uzorkom na kruni. Obruč dotrajao.
Promjer 10 mm.
Težina 0.9 g.
U Privlaci našao Marin Šimičić.

472. Okrugli prsten sa polukružnim
dizajnom unutar ugriviranog
kruga. Unutar kruga se nalazi
abstraktni dizajn ljiljana. Plosnati
obruč nedostaje.
22.5 mm Ø.
Pronašao ga je Scott Ellis u Drenu,
Vinkovci.

473. Četvrtasta kruna dvodijelnog
prstena kojemu su odrezani uglovi
tako da čini osmerokut. Uzorak
dvaju većih polumjeseca okrenutih
prema unutra i dvaju manjih
polumjeseca okrenutih prema van
unutar dvaju koncentričnih
ureckanih krugova. Obruč
nedostaje.
Promjer 14 x 14 mm.
U Mirkovcima našao Leonardo
Lukinić.

474. Mali jednodijeni prsten sa
simtričnim, zakrivljenim uzorkom
na okrugloj glavi, isto tako urešen
na ramenima.
Težina 1.6 g, nađen u Cerni.

475. Mali bakreni jednodijelni prsten
urešen na ramenima iuzorko
nalika stablu sa polumjesecima i
zvijezdom na okruglom licu.
Promjer 12 mm.
U Rokovcima (Đubraci) našao
Dean Crawford.

476. Veliki dvodijelni prsten sa
okruglim žičanim obručem i
okruglim licem. Razrađeni dizajn
na licu unutar dvaju koncentričnih
krugova.
Promjer 21.3gr., obruč debljine
2.5 mm., težina 6.7 g.
Našao Gordon Herritage.

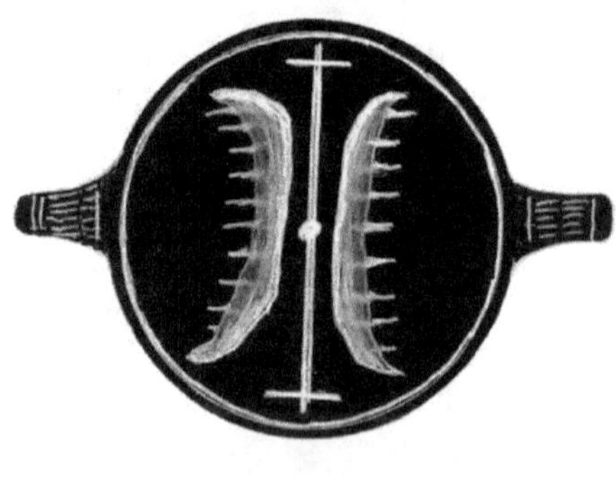

477. Jednodijelni prsten od legure
bakra sa simetričnim uzorkom na
okruglom licu unutar kruga.
Ukrašen linijama na ramenima
prstena.
Promjer 10.5 mm, težina 1.8 g.
U Privlaci našao Simon Grant.

478. Dvodijelni prsten od legure bakra
sa okruglim žičnim obručem i
plosnatim okruglim licem.
Simetrični dizajn unutar dvaju
koncentričnih krugova.
Promjer 14 mm, težina 2.1 g.
U Novim Jankovcima našao Stuart
Johnson.

479. Mali dvodijelni prsten plosnatog
obruča i okruglog lica. Dizajna
unutar dvaju koncentričnih
krugova.
Promjer 13 mm, težina 2.1 g.
U Ivankovu našao Dean Crawford.

Ostalo lijevano prstenje

480. Jednodijelni srebrni prsten sa grubo uklesanim detaljem tankim oruđem.
Promjer 11 mm.
Težina 3.4 g.
U Mirkovcima našao Pat Etheridge.

481. Lijevani srebrni prsten pečatnjak osmerokutne krune. Dobro urađen središnji dizajn polumjeseca ispod zvijezde unutar ureckanog kruga, okružen retogradnim simbolom +SIACOBI. Sve unutar zatvorenog kruga sačinjenog od ureckanog ruba. Na ramenima se pojavljuju inicijali T i P. Težina 11.0 gr. Kruna 17 mm u najširem dijelu

482. Lijevani prsten sa uskim obručem koji se širi prema širokim ramenima, koja su povišena u vidu stepenica, duguljaste krune, koji se pretvara u povišenu četvrtasto, središnje polje. U središnjem polju nalazi se uzorak osmerokračnog kompasa koji je ugraviran uzorcima ravnih linija. Težina 4.1 g.
 Pronađeno u Nuštru.

483. Lijevani brončani prsten ovalne krune. Uzorak ravnih i valovitih linija. Slomljen.
Pronađeno u Ivankovu.

484. Teški lijevani brončani prsten sa povišenom eliptičnom krunom i loše urađenim uzorkom koji je nalik 'deblu s trokutima'. Obruč ukrašen na ramenima.
Težina 7.2 g.
Pronađeno u Retkovcima.

485. Lijevani prsten malog lica nosi dizajn nasumičnih linija i perja.
Težina 6.2 g.
U Rokovcima našao Radovan Novović.

486. Lijevani prsten sa grubo obrađenom povišenom krunm ukrašen valovitim i ravnim linijama. Obruč slomljen.
Težina 1.85 g.
Iz kolekcije Vinka Adžage.
Pronađeno u Ostrovu.

487. Lijevani prsten sa obručem koji se širi u krunu. Jednostavan ureckani uzorak unutar kruga.
težina3.3 g.
Pronađeno u Nuštru.

488. Lijevani prsten sa obručem koji se širi i pri tom formira krunu. Cvijetni uzorak unutar kruga.
Težina 8.8 g.
Pronađeno u Nuštru.

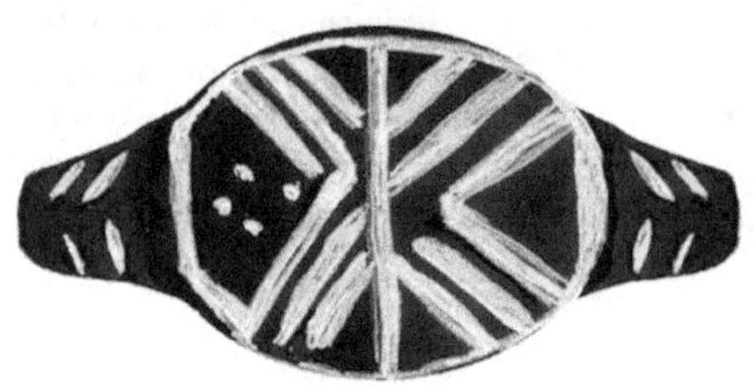

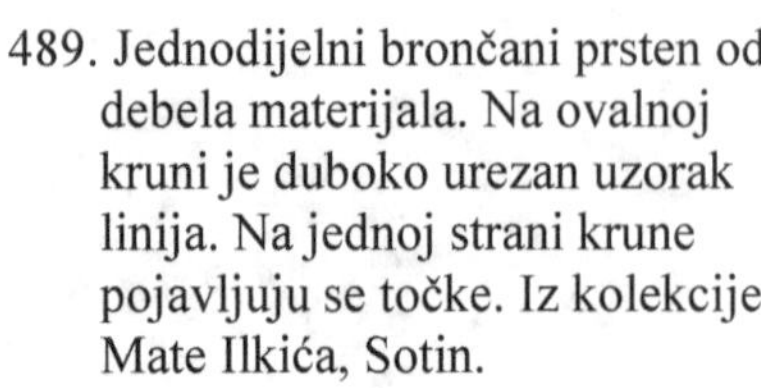

489. Jednodijelni brončani prsten od debela materijala. Na ovalnoj kruni je duboko urezan uzorak linija. Na jednoj strani krune pojavljuju se točke. Iz kolekcije Mate Ilkića, Sotin.

490. Čvrst lijevani prončani prsten sa eliptičnom povišenom krunom, lagana povišenja na ramenima prstena. Jednostavan uzorak križa unutar dvaju linija uzduž ukrašen listovima. Na donjem dijelu obuča kvrga. Iz kolekcije Mate Ilkića, Sotin.

491. Lijevani brončani prsten sa ovalnom krunom ukrašen različitim linijama. Poprečne linije ukrašavaju ramena prstena. U Andrijaševcima našao Richard Lincoln.

492. Lijevani brončani prsten osmerokutne krune nosi uzorak vodoravnih linija međusobno povezanih dijagonalnim linijama različitog smjera u svakom redu. Obruč trapezoidnog profila.
Težina 6.35 g. Dimenzije kruna 14 x 15 mm.

493. Lijevani brončani prsten sa ovalnom krunom i jednostavnim uzorkom križa i rubnom linijom unutar svakog kvadrata. Poprečne linije rese ramena.
Težina 4.2 g.
Pronađeno u Antin – Korođ.

494. Lijevani brončani prsten ovalnog lica sa jednostavnim prikazom križa i rubnom linijom unutar svake četvrtine. Ukrasni članak na pozadini obruča.
U Retkovcima našao Mick Moss.

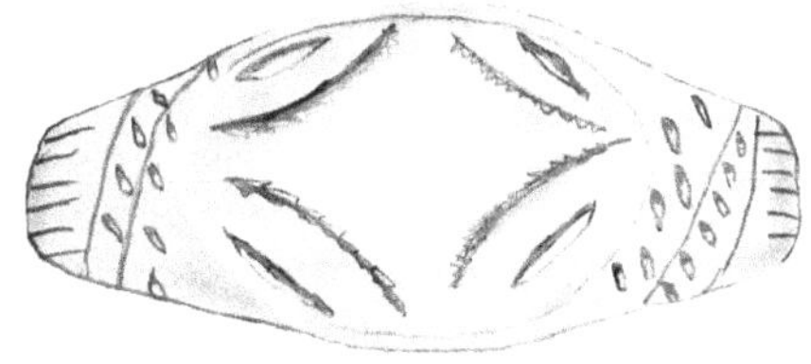

495. Lijevani srebrni prsten ovalne krune, s jednstavnim uzorkom četiriju zakrivljenih linija i udubljenim elipsama. Ukrašen na ramenima.
Pronađeno u Andrijaševcima.

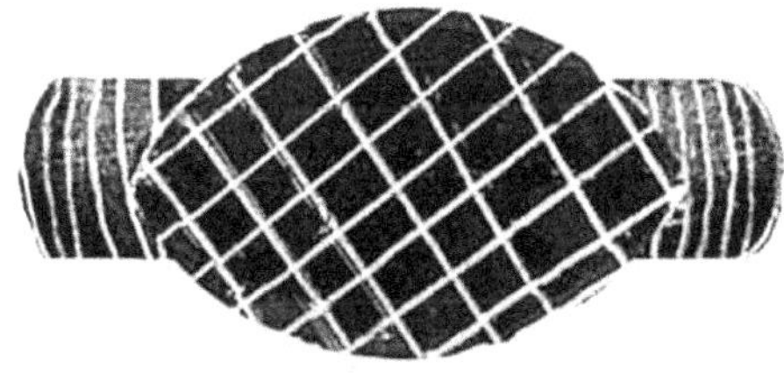

496. Teški lijevani brončani prsten sa širokim obručem i povišenom eliptičnom krunom prekriven mrežastim uzorkom. Obruč ukrašen poprečnim linijama.
Težina 9.3 g.
Pronađeno u Veri.

497. Lijevani brončani prsten sa uskim obručem i povišenom krunom prekrivenom mrežastim uzorkom.
Težina 2.7 g.

498. Lijevani brončani prsten visoke kvalitete sa malog povišenom okruglom krunom . Uzorak dvaju elipsa sa zakrivljenih linija na svakoj strani nalikuje očima, iznad i ispod njih uzorak srca. Na obruču uzorci linija i zvijezda.
Težina 9.5 g. Promjer 14 mm.

499. Lijevani brončani prsten sa malom okruglom krunom blago povišenom. U sredini malo udubljenje i zrakaste linije prema van. Dobro iznošen. Uzorak na ramenima.
Težina 4.5 g. Promjer 10 mm.
Pronađeno u Tordincima.

500. Dobro izlijeven brončani prsten sa oblikovanim obručem, koji se sužava prema osmerokutnoj povišenoj kruni. Kruna nosi neobičan simetrični uzorak. Na suženim dijelovima obruč je ukrašen kvadratima kojima je po četvrtina naizmjence ukrašena mrežastim uzorkom.
Težina 6 g. Promjer 24 mm..
Pronađeno u Nuštru.

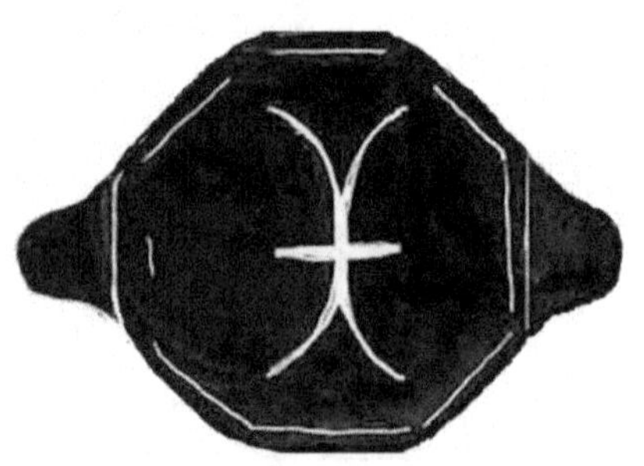

501. Lijevani prsten sa šesterokutnom krunom i jednostavnim uzorkom dvaju linija spojenih i na pola presječenih linijom. Težina 5.6 g.
 Pronađeno u Privlaci.

502. Veliki, lijevani prsten sa duboko urezanim ureckanim simetričnim uzorkom i slovom 'H' u središtu ovalne krune. Djelomičan.
Pronađeno u Ostrovu.

503.Lijevani brončani prsten plosnatog okruglog lica sa uzorkom kruga s linijama. Ukrašen poprečno linijama na obruču i ramenima.
Težina 7.1 gram.
Promjer lica 18mm.
Pronađen u Rokovcima (Đurbraci).

504. Mali lijevani prsten sa malom okruglom krunom povišenom nad širokim obručem. Na kruni loše urađen uzorak ljiljana. Na ramenima su grumeni i ukrašen je paralelnim linijama.
Težina 5.1 g.

505. Lijevani brončani prsten sa oštećenom ovalnom krunom i loše ugraviranim uzorkom ljiljana. Ukrašen na ramenima.
Težina 6.85 g.
Pronađeno u Jarmini.

506. Brončani jednodijelni prsten debelog materijala sa neobičnim uzorkom četiriju raznih oblika koje uokružuju mali križ u središtu.
Iz kolekcije Mate Ilkića, Sotin.

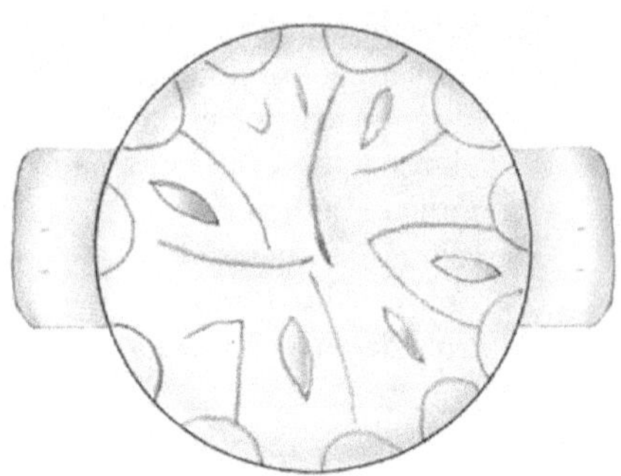

507. Mali lijevani srebrni prsten
okrugle krune na uskom vratu.
Na kruni neuspješno urađen
uzorak.
Iz kolekcije Mate Ilkića, Sotin.

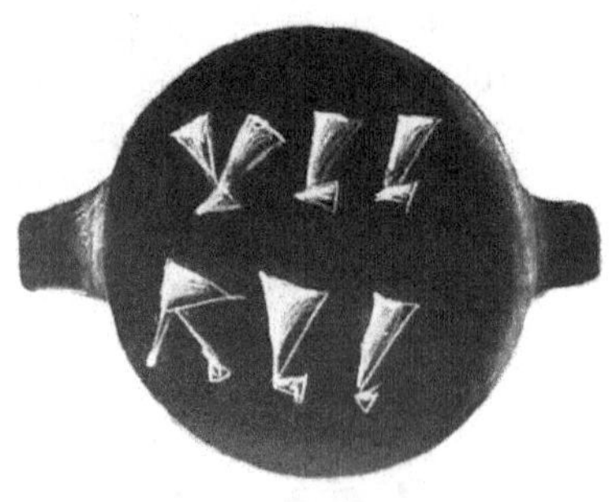

508. Mali brončani prsten sa
neodređenim znakovima urezanim na
ovalnoj kruni.
Težina 1.8 g.
Pronađeno u Vinkovačkim
Banovcima.

509. Mali lijevani brončani prsten sa
uzorkom grančice na okrugloj kruni.
Težina 5.7 g.
Pronađeno u Andrijaševcima.

510. Lijevani brončani prsten sa uskim
obručem i osmerokutnom krunom i
uzorkom 'X' koji je načenjen od
dvaju dugih, eliptičnih žlijebova. U
svakom polju sastrane po manji
žlijeb, a dva od njih su prema unutra
nazubljena. Obruč slomljen. Težina
3.4 g. Kruna 12 x 15 mm. Iz
kolekcije Vinka Adžage.
Pronađeno u Ostrovu.

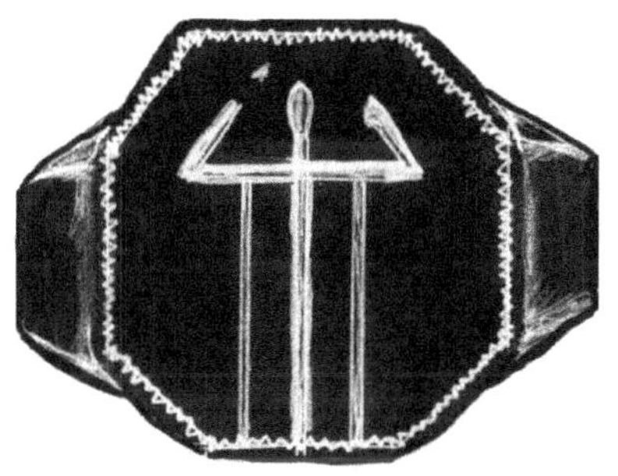

511. Lijevani prsten sa osmerokutnom krunom nosi jednostavan uzorak triju okomitih linija pokrivenih vodoravnom linijom koja ima po dvije dijagonalne linije koje gledaju prema unutra. Unutar njih se nalazi još jedna linija koja na vrhu ima malu eliptičnu udubinu. Sve skupa podsjeća na ljudsku figure. Obruč trapezoidnog profila.

512. Lijevani brončani prsten sa blago ovalnom krunom i raštrkanim apstraktnim uzorkom.
Težina 8.3 g. Promjer 13 x 12 mm.

513. Mali, dobro iznošeni, lijevani brončani prsten sa lagano ureckanim asimetričnim cvijetnim dizajnom.
Težina 3.8 grama.
Promjer 18 mm. Uzorak sličan prijašnjemu prstenu (371).
U Novim Jankovcima našao Dean Crawford.

514. Lijevani bronačni prsten sa okruglom krunom. Uzorak šest eliptičnih žlijebova zrači od centra prema van, nalikuje cvijetu, sa loše uraženim žlijebovima naokolo.
U Andrijaševcima našao Mike Bowers.

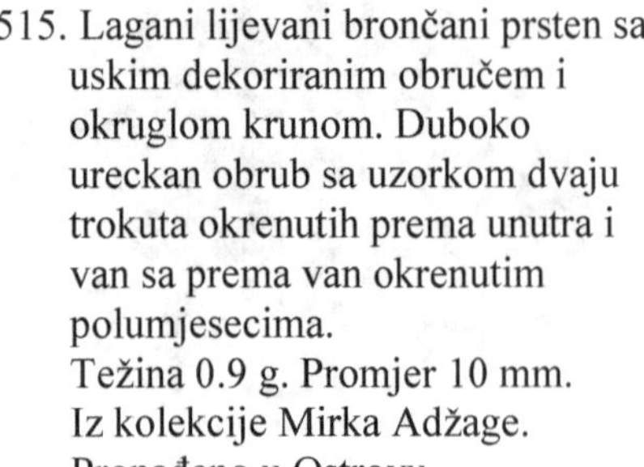

515. Lagani lijevani brončani prsten sa uskim dekoriranim obručem i okruglom krunom. Duboko ureckan obrub sa uzorkom dvaju trokuta okrenutih prema unutra i van sa prema van okrenutim polumjesecima.
Težina 0.9 g. Promjer 10 mm.
Iz kolekcije Mirka Adžage.
Pronađeno u Ostrovu.

516. Lijevani prsten uskog obruča trokutnog profila i dubokom teškom ovalnom krunom. Na kruni arkade okružene obrubom načinjenim od elipsa sa krivuljama.
Težina 6.2 g. Promjer 16 x 18 mm.

517. Lijevani brončani prsten okrugle krune nosi uzorak okomite linije sa krivuljama na svakom kraju koje gotovo da dodiruju okomitu liniju. Na jednoj strani uzorka okomita linija te 'V' oblik na drugoj strani.
Težina 3 g.
Pronađeno u Mirkovcima.

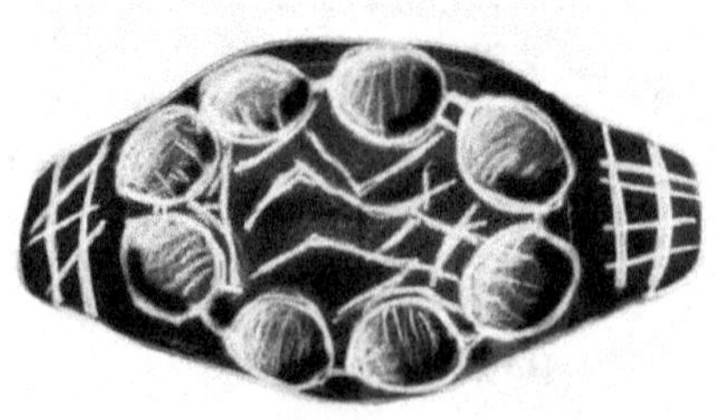

518. Lijevani brončani prsten sa neobičnim uzorkom načinjih rupama koje su izbušene uzduž ruba krune. Ukrašen na ramenima. Uzorak na kruni je niz razbacanih linija.
Težina 6.6 g.

519. Djelić malog lijevanog prstena
osmerokutne krune koja se
nalazi unutar najšireg dijela.
Grubi prikaz koji se pojavljuje
čini se kao ruka koja drži srp ili
sablju.
Na ramenima ukrašen
trokutima.
Kruna 10x10 mm.
Nađen u Markušici.

520. Lijevani pečatni prsten sa
uskim obručem i debelom,
ovalnom krunom koja nosi
uzorak srca okruženog
udubljenima. Srce je
podijeljeno na trećine i sadrži
obrnute inicijale LMH unutar
trećina srca. Srce je okruženo
križem i trima poprečnim
linijama, sve unutar
ugraviranog ovala. Ovaj dizajn
je vrlo sličan dizajnu poznatom
kao trgovački ili obrtnički
prsten.
Težina 9.1 g.
Pronađeno u Nuštru.

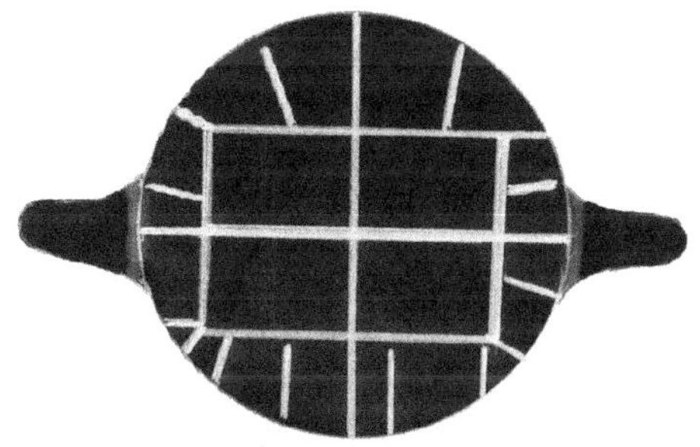

521. Lijevani brončani prsten s
tankom karikom i teškom
krunom sa ugraviranim
uzorkom raščlanjenih
pravokutnika i linijama koje
zrače iz njih prema van.
Promjer 13x14 mm., težina 8.2
gr.
Nađen u Otoku.

522. Mali lijevani brončani prsten sa vrlo uskim obručem okruglog profila. Kruna u obliku rumba obrubljena loše ugraviranim linijama. Bez uzorka. Težina 2.6 g. Kruna 10 mm2. U Cerni našao Robert Kulić.

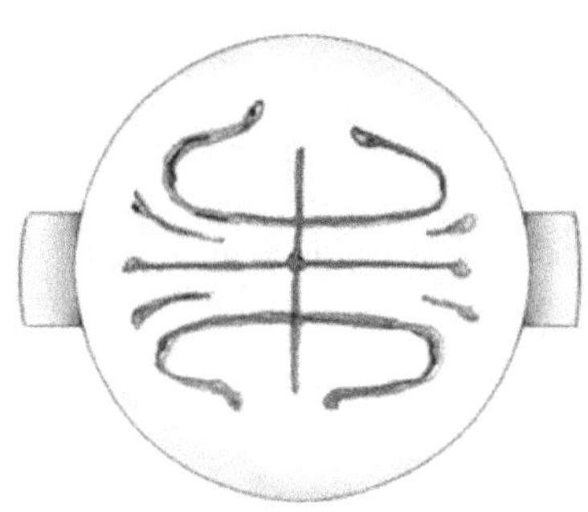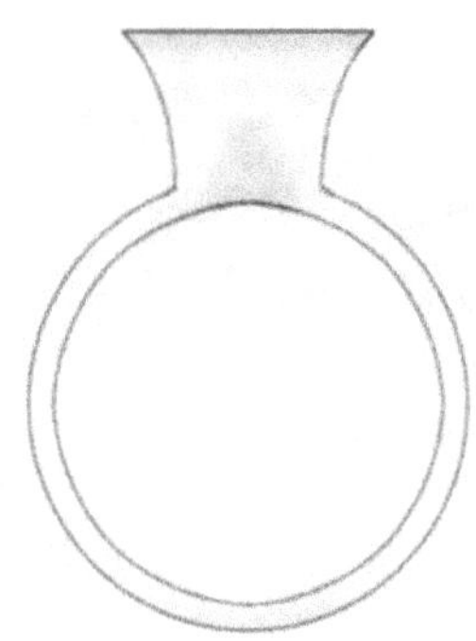

523. Lijevani srebrni pečatni prsten okrugle krune koja se podiže nad obručem, na kruni simetričan uzorak. Mjesto pronalaska nepoznato.

524. Lijevani brončani prsten ovalne krune sa ugraviranim uzorkom unutar loše urezanog kruga. Na svakom ramenu nalazi se manja okrugla kruna sa ugraviranim uzorkom 7.4 g. Iz kolekcije Domagoja Jovanića, Vinkovci. Pronađeno u Vinkovačkim Banovcima.

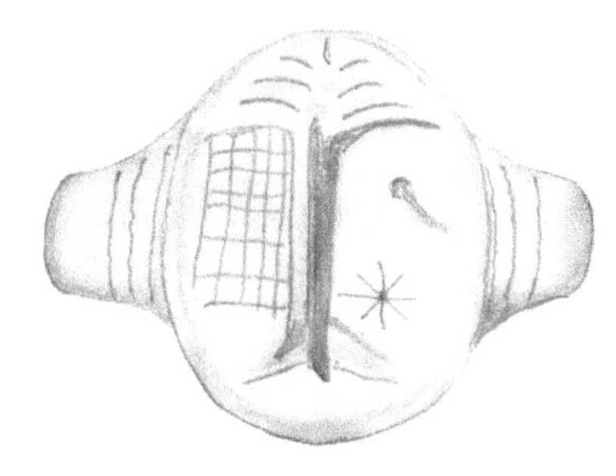

525. Lijevani srebrni prsten ovalne krune sa povišenim vratom nosi loše urađen apstraktni uzorak. Obruč slomljen.
Težina 6.1 g. Dimenzije krune 13x12 mm.
Pronađeno u Pačetinu.

526. Lijevani brončani prsten sa uskim obručem i okruglom krunom. Kruna ukrašena trokutima, točkama, ptičjim krilom na neki zbrkani način. Na svakom ramenu 'X'.
Težina 6.4 g. Promjer 12 mm.

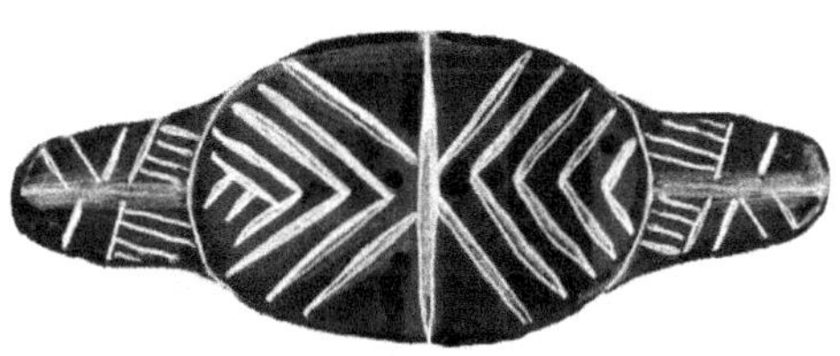

527. Lijevani brončani prsten ovalne krune i obručem trokutnog profila. Uzorak središnje okomite linije sa dijagonalama koje zrače prema od centra lijevo i desno. Na ramenima jednak uzorak. Greška pri lijevanju na obruču. Kruna širine 10 mm at face. Težina 5.7 g.
Pronađeno u Boboti.

528. Mali lijevani brončani prsten sa povišenom okruglom krunom na okrugloj uzvisini sa uzorkom svaju simbola.
Težina 5.5 g.
Pronađeno u Ostrovu.

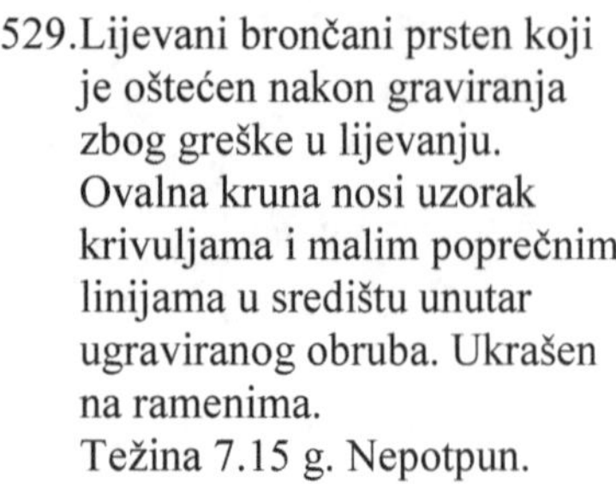

529.Lijevani brončani prsten koji
je oštećen nakon graviranja
zbog greške u lijevanju.
Ovalna kruna nosi uzorak
krivuljama i malim poprečnim
linijama u središtu unutar
ugraviranog obruba. Ukrašen
na ramenima.
Težina 7.15 g. Nepotpun.
Kruna 10 x 14 mm.
Pronađeno u Mirkovcima.

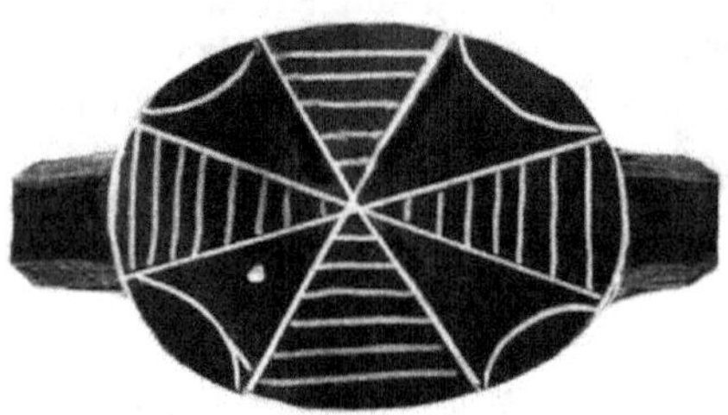

530. Lijevani brončani prsten sa
debelom ovalnom krunom i
uzorkom trokuta koji zrače od
centra prema van, te formiraju
križ. Arkade u poljima duž
ruba.
Težina 4 g. kruna 13 x 15
mm.
Pronađeno u Karadžićevu.

531. Lijevani prsten sa deblom u
središtu okrunjen linijama
koje su zatvorene prema
unutra na svakom kraju.
Težiana 3.6 g.
Pronađeno u Karađićevu.

532. Lijevani prsten sa deblom u
središtu okrunjen linijama
koje su zatvorene prema
unutra na svakom kraju.
Oštećen.
4.8 gr.
Pronađen u Otoku.

533. Lijevani brončani prsten osmerokutnog lica. Ugraviran dizajn nalik slovu I. Obruč slomljen.
Dimenzije 12.5 mm2.
U Privlaci našao Adam Staples.

534. Mali brončani lijevani prsten sa uzorkom debla centriranim i omeđenim linijama koje se lomei završavaju prema unutra. Obruč slomljen.
Našao Marin Šimičić u Rokovcima, Đubraci.

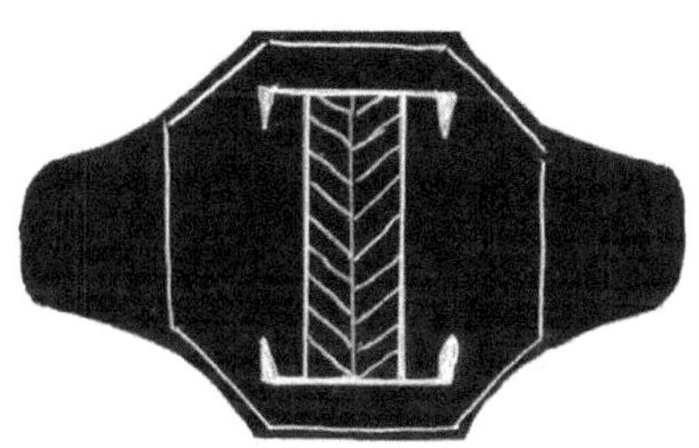

535. Lijevani brončani prsten osmerokutnog lica sa uzorkom debla u centru omeđenog linijama sa krajevima uvrnutima prema unutra. Oštećen.
U Ivankovu našao Danny Obiernes.

536. Laki, lijevani prsten sa uzorkom debla sa prečkama iznad i ispod te bazubljenim krajevima. Okomite linije sa svake strane unutar ugraviranog kruga. Polukružna karika – nedostaje.
Promjer lica 16 mm.
U Andrijaševcima našao Tomislav Zekan.

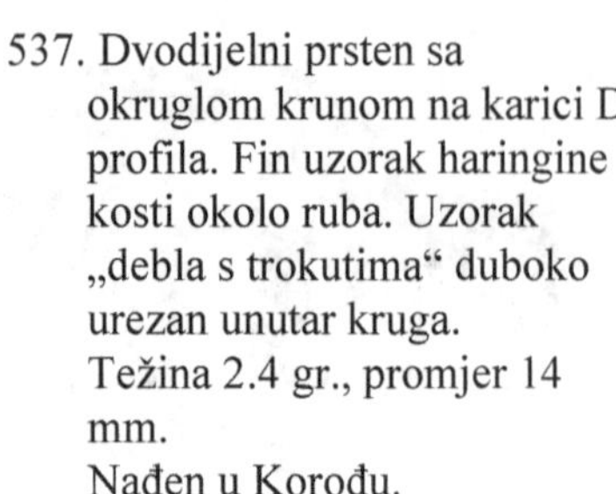

537. Dvodijelni prsten sa okruglom krunom na karici D profila. Fin uzorak haringine kosti okolo ruba. Uzorak „debla s trokutima" duboko urezan unutar kruga.
Težina 2.4 gr., promjer 14 mm.
Nađen u Korođu.

538. Vrlo tanak, brončani, lijevani prsten okruglog lica sa loše urađenim dizajnom. Obruč slomljen.
Promjer 11 mm najšire.
Našao Krešo Šamec u Rokovcima (Đubraci).

539. Veliki dobro urađeni lijevani brončani prsten sa dobro obrađenom šesterokutnom glavom.
Lice 14.5 x12 mm.
Težina 7.1 g.
U Privlaci našao Michael Tyte.

540. Lijevani brončani prsten male ovalne glave te neodređenog ugraviranog dizajna. Ramena dekorirana iznad i ispod grumenima.
Težina 4.7 g.

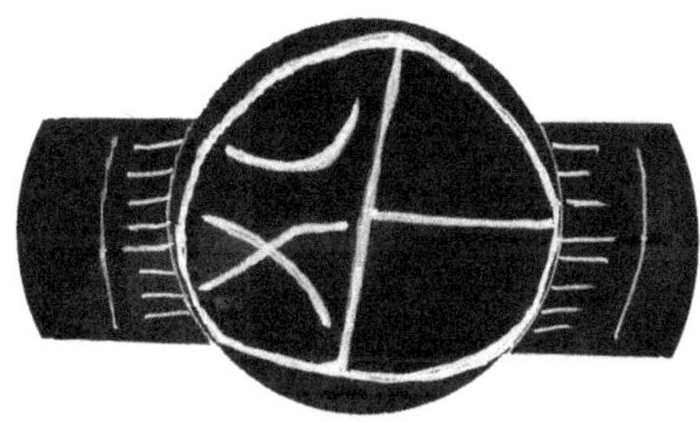

541. Lijevani prsten okrugle krune
uzdignut na vratu. Uzorak u
obliku slova „T" dijeli krug u
tri dijela sa XL ili XC
oznakama u gornjoj polovici.
Ukrašen na ramenima.
Kruna promjera11 mm.,
težina 7.5 gr.
Nađen u Otoku.

542. Oštećen dvodijelni prsten sa
duboko ugraviranim
simetričnim uzorkom debla i
polumjeseca tvore oblik slova
„I" okolo središnje udubljene
točke. Mali cvijetići sa svake
strane, unutar dva
koncentrična kruga. Slomljena
karika „D" profila.
Promjer 16 mm.
Nađen u Srijemski Lazama.

543. Lijevani prsten sa približno
osmerokutnim licem od kojih
su dva vanjska kuta uvučena..
4.7 gr.
Nađen u Rokovcima.

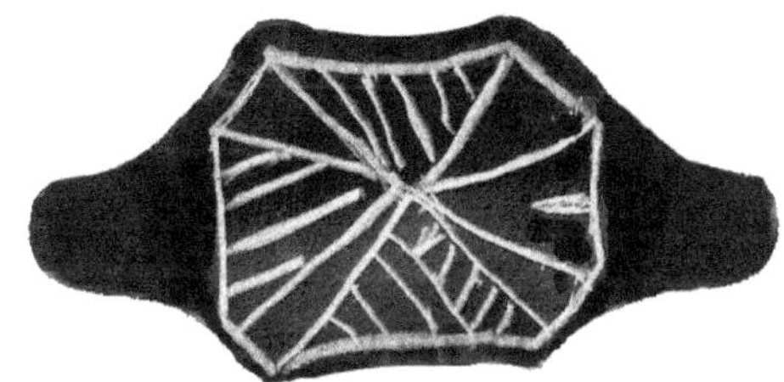

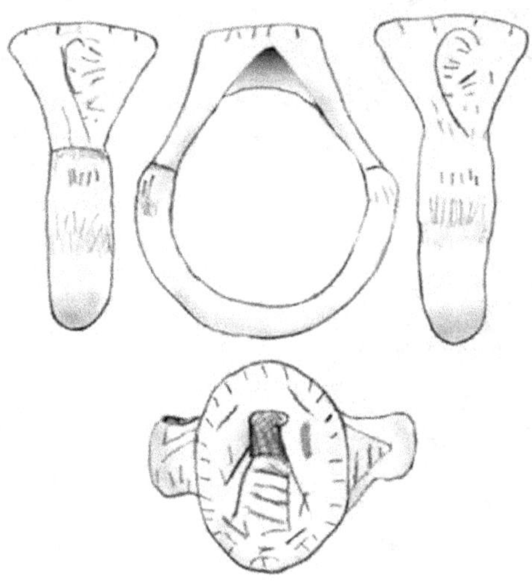

544. Teški prsten od lijevanog srebra sa povišenom ovalnom krunom i loše urađenim
ugraviranim uzorkom. Iskrivljen.
Pronađeno u Ivankovu.

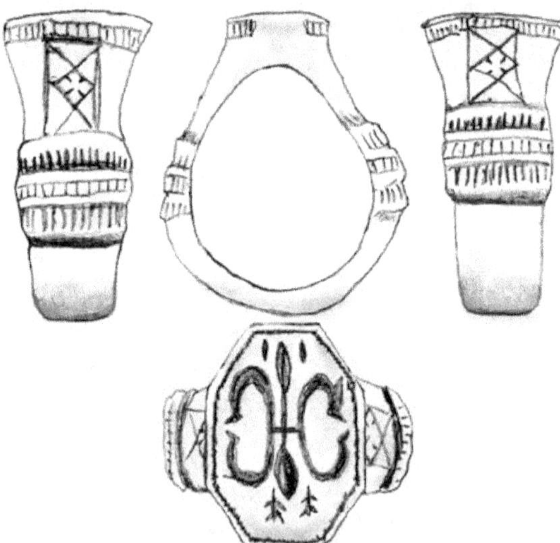

545. Teški prsten od lijevanog srebra sa povišenom osmerokutnom krunom i dobro
urađenim ugraviranim uzorkom. Također ugraviran okolo krune i na ramenima.
19 gr. Pronađeno u Mrzoviću.

Piramidalni prsten

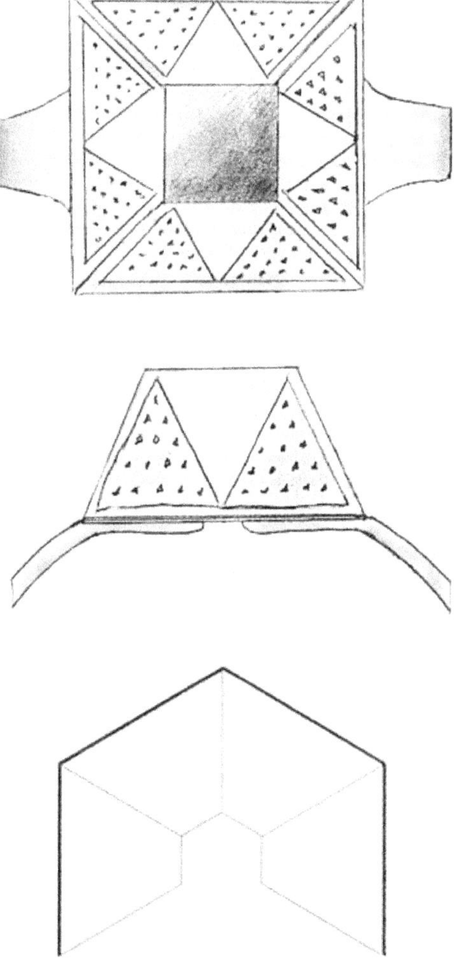

Fig. 16

546. Veliki, srebrni prsten načinjen od tri sekcije, plosnatog obruča, četvrtast i
otvorene piramidalne sekcije koja je načinjena od jednog dijela, oblika nalika
četiri dijela šesterokuta. (sl.16).
Na otvorenom dijelu vjerojatno bi bio kamen, koji je poduprt nečim odozdol.
Pronađeno u Privlaci.

Prstenje s kamenjem

Iako pronađeni u puno manjem broju, prstenje sa kamenjem ili draguljima nalazimo u primjerima od zlata, srebra a i prostijih metala. Proizvodeni su obično posebno obruč, a posebno kruna sa povišenjem za kamen, koji je bio na povišenju od vune ili konoplje. Mnogi od njih su podloga u obliku zvijezda, sa od pet do deset vrhova. Ovaj dizajn zvijezde je bio vrlo popularan ranijih godina u Slavoniji. Od primjera prikazanih ovdje svi imaju kamenje od stakla ili perle. Neki od ovih stakalaca imaju mjehuriće zraka u njima. Većina ih je prirodnog oblika, ali jedan primjerak ima izrezani kamen.

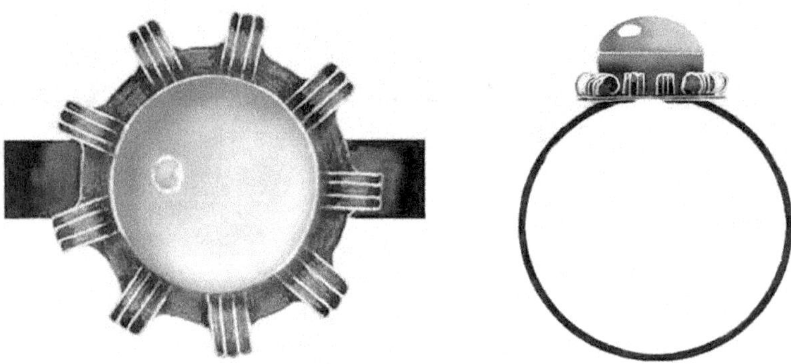

547. Prsten od legure bakra sa plosnatim obručem i zvijezdom sa devet vrhova. Sadržava kapljicu stakla sa mjehurićem zraka u sebi. Okolo baze prstena nalazi se devet dekorativnih kovrča koje su čini se presavijene unazad prema bazi prstena, iako nisu. 16 mm Ø. Pronađeno u Jošinama.

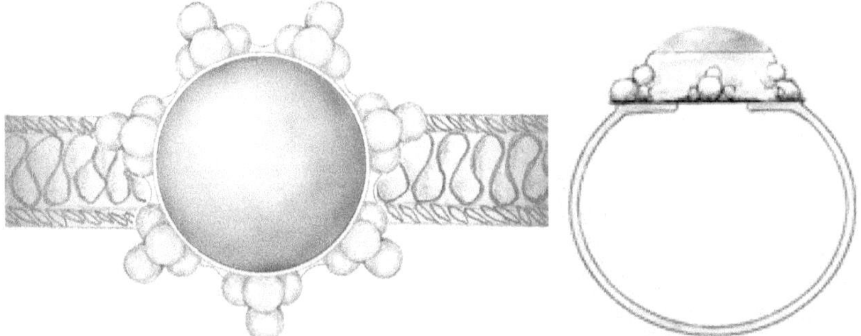

548. Srebrni ili pokositreni prsten sa plosnatim obručem sa žicom koji se petlja dužinom prstena i centralnom kazetom na tanjuriću oblikovan kao sedmerokrakna zvijezda. Okolo kazete su potpore oblikovane kao hrpu malih zrna. Kazeta drži zelenu staklenu perlu oko 9 mm Ø. Obruč oštećen. Pronađen u Jakovcima, Jarmina.

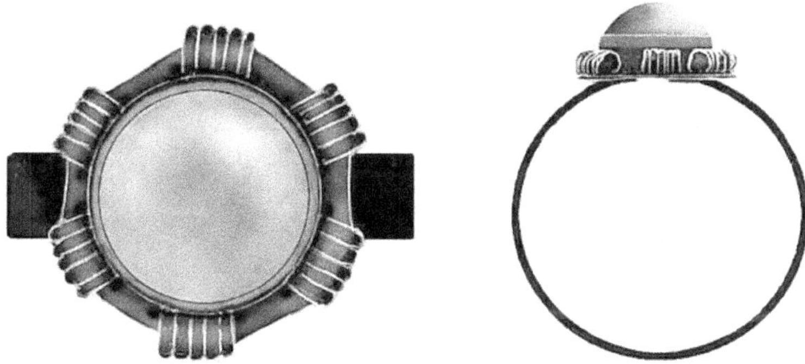

549. Kao i prethodni, samo manji prsten sa šest vrhova i širih navoja. Ukras od
zelenog stakla. Pronađeno u Ostrovu.

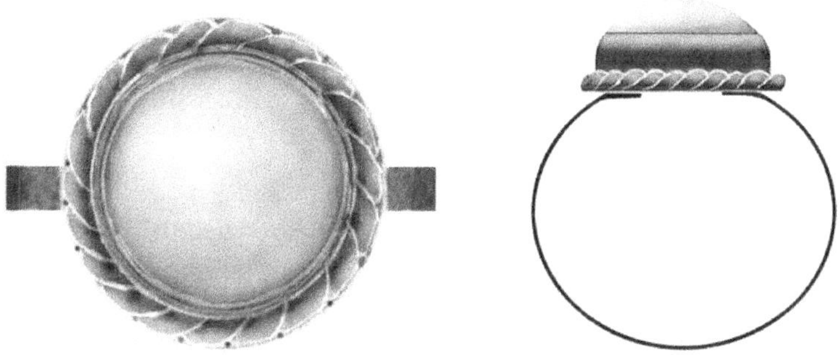

550. Manji prsten sa tankim plosnatim obručem i okruglom krunom i središnjim
povišenjem koji nosi kuglicu od zelenog stakla. Okolo povišenja je navoj od dvije
strune žice. 10.5 mm Ø.

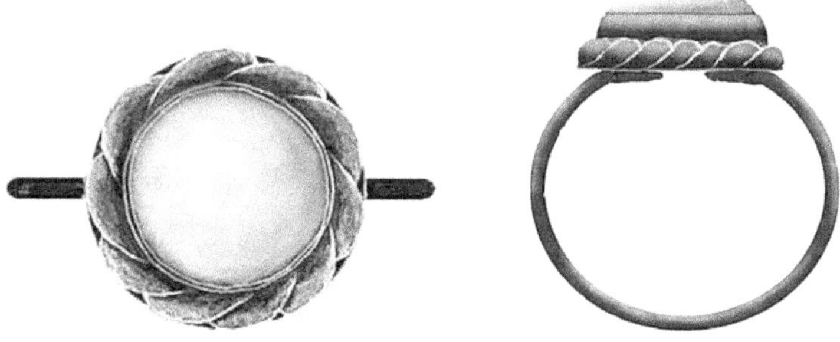

551. Kao prethodni, samo manji, sa žičanim obručem. 9 mm Ø. 1.15 gr.
Pronađeno u Ostrovu.

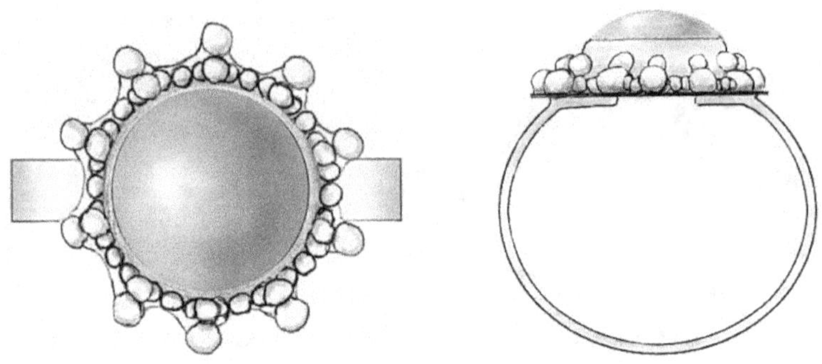

552. Srebrni prsten sa plosnatim obručem i središnjim povišenjem na ravnoj podlozi s
deset vrhova u obliku zvijezde. Okolo povišenja nalazi se trideset grumenčića
srebra, i na svakom vrhu po dva veća grumena, jedan iznad drugog koji čine
potporanj nad podlogom koja nosi zeleni grumenčić stakla. Promjer 12.5 mm.
Slični primjeri su nađeni u leguri bakra, i sa osam ili devet vrhova. Pronađeno u
Ivankovu.

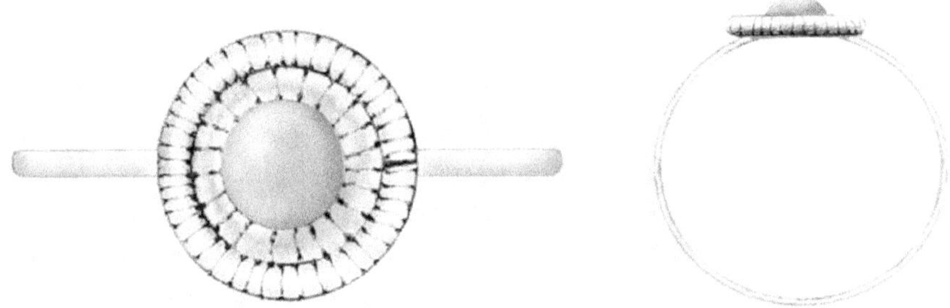

553. Mali prsten načinjen od obruča polukrugožnog profila koji je nalemljen na
okruglu, ravnu bakrenu ploču. Komad srebrne žice, podijeljen zasjecima
formirani su u krug na povišenju ploče. Mali kamen ili perla koji nedostaju bilo bi
smješteno između ruba žičanog kruga i kamena. Promjer krune 8 mm.
Djelomičan.
Pronađeno u Nuštru.

554. Ovaj prsten je načinjen od dvaju djelova metala u obliku polumjeseca položenih jedan prema drugome tako da čine podlogu za perlu od crnog stakla. Plosnati obruč je uzak, te se širi prema ramenima i nakrivljen jedan prema drugom da čini podlogu. Na ramenima je uzorak sličan rukama. Težina 1.2 gr. Nađeni su djelovi. Pronađeno u Ostrovu.

555. Mali srebrni prsten sa polukružno profiliranim obručem. Kruna sadrži zavrnutu srebrnu žicu okolo podloge koja drži mali crveni kamen.
 0.9 gr.
Pronađeno u Nuštru.

Nekoliko neobičnih

Nekolicina lijevanog prstenja koje je pregledano čini se unikatnim. Ovi ovdje su vrlo različiti od ostalih pregledanih do sad.

556. Lijevani brončani prsten sa vrlo debelim obručem i visoko povišenom okruglom krunom koja nosi na sebi nešto nalik islamskom pismu. Moguće kasni 16 vijek Otomanski. 7.2 gr. Pronađeno u Ostrovu.

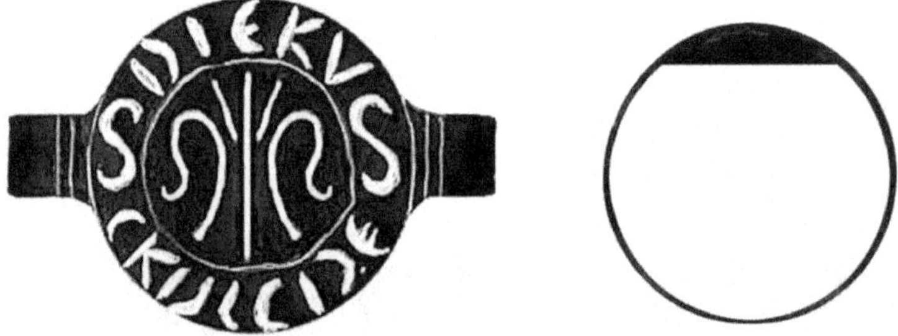

557. Jednodijelni prsten, čini se lijevan. Obruč je plosnat sa udubljenom krunom. Unutar kruga nalazi se pojednostavljen prikaz ljiljana unutar ruba se nalazi serijal slova sa uvećanim slovima 'S' na svakoj strani. Uzorak je čini se izlijeven, a ne ugraviran. Pronađeno u Ostrovu.

558. Mali, loše odlijeveni prsten kojemu je djelić načinjen od loše legure koje sadrži olovo. Ovaj primjerak se razlikuje od ostalog prstenja po četvrtastoj kruni lijevano reljefno, a ne gravirano. Dimenzije krune su 10 x 10 mm. mnogi od ovih dijelova prstenja su nađeni , ali većina ih je u raspadu ili prekrhka te je uzorak na njima skoro nevidljiv. Još nije sigurno da li je iz istog razdoblja kao ostalo prstenje koje je ovdje uvršteno.

(u stvarnoj veličini)

559. Sitni lijevani prsten od od sivog metala. Loše ugraviran uzorak na grubo urađenoj
duguljastoj kruni. Ukrašen na ramenima. Kruna 6 x 8 mm. 2.4 gr.
U Cerni našao Robert Kulić.

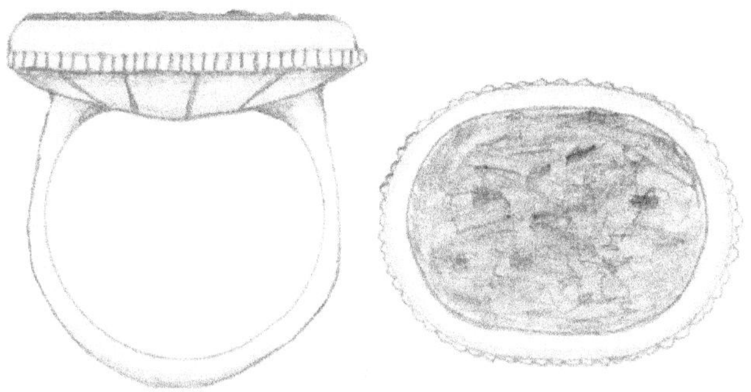

560. Veliki lijevani prsten od legure srebra sadrži ostatke korodiranog željeza. Na
pozadini i stranama prstena vide se ostaci pozlate. Rub baze krune reckast.
Dimenzije 26.5 x 21 mm.
Težina 11.3 gr.
U Privlaci našao Mike Bowers.

Bibliography

1. T.N. Pollio, *Ancient Rings.* 2018
2. Filip Šplajt, *Banski Denari.* 2018